Lisa Giachino &
Chantal Garrigues

Nous, les **enfants** de 1956

De la naissance à l'âge adulte

Éditions Wartberg

Mentions légales

Crédits photographiques :

Archives personnelles de l'auteure, pp. 4, 5h, 8-10, 12h, 13, 16, 17h, 18, 19h, 20, 22, 23h, 24, 26-27, 29, 33-34, 41-43, 47-48, 51h, 53, 55b, 63 ; Archives Marie-Claire Soulier, pp. 7, 36, 44h, 55h, 56 ; © Picture-alliance / imagestate / HIP, p. 50 ; © Ullstein bild, pp. 5b, 11, 14, 45, 49 ; Ullstein bild – V. Pawlowski, p. 17b ; Ullstein bild – dpa, p. 19b ; Ullstein bild – united archives, pp. 37, 60 ; Ullstein bild – Schütt, p. 40 ; Ullstein bild – NASA, p. 51b ; Ullstein bild – bpk / Enger, p. 59 ; Ullstein bild – R. Dietrich, p. 62 ; © Roger-Viollet, pp. 12b, 15, 21, 25, 28, 35, 44b, 54, 58 ; Jacques Cuinières / Roger-Viollet, pp. 23b, 57 ; LAPI / Roger-Viollet, p. 30 ; Bernard Lipnitzki / Roger-Viollet, pp. 46 ; Janine Niepce / Roger-Viollet, p. 31, 38 ; Musée Carnavalet / Roger-Viollet, p. 61.

Principales sources :

Yvonne Knibielher, *Histoire des mères et de la maternité en occident*, Puf, 2000. Béatrice Fontanel et Claire d'Harcourt, *L'Épopée des bébés, Une histoire des petits d'hommes,* La Martinière, 1996. Didier Lett et Marie-France Morel, *Une histoire de l'allaitement*, La Martinière, 2006. www.persee.fr/ ; www.cairn.info/ ; Institut national de l'audiovisuel français (www.ina.fr) ; Le Monde

Les auteures remercient ceux dont les souvenirs ont nourri ce livre (Louisette Dupassieux, Dany Phalippou, Joëlle Garrigues, Savino et Jean-Pierre Giachino) ; ainsi que Jean Dupassieux, Marie-Claire et Jean-Jacques Soulier, Agnès Duisit, Christiane Dubonnet, Jean-Paul et Hélène Garrigues, Marcelle, Cathy et Patrick Giachino. Elles le dédient à Éliane et René Garrigues.

8e édition, 2013

40 rue de l'Échiquier
75010 Paris

Un département de
Wartberg Verlag GmbH &Co. KG.
Im Wiesental 1
34281 Gudensberg-Gleichen
Allemagne

Conception graphique : Ravenstein & partenaires, Verden.
Imprimé en Allemagne sur les presses de Thiele & Schwarz, Kassel.

ISBN : 978-3-8313-2556-6

Préface

Chers enfants de 1956,

L' année qui nous a vus naître, au cœur du « monde libre », les noirs américains arrachaient le droit de s'asseoir à côté des blancs dans les autobus. De l'autre côté du rideau de fer, Staline était mort depuis trois ans – timidement, les Soviétiques commençaient à révéler ses crimes. Alors que la planète était divisée par la guerre froide, les peuples du Tiers Monde secouaient le joug occidental.

En France, Renault sortait sa Dauphine. Profitant de l'essor de l'automobile, le gouvernement créait la fameuse « vignette » pour financer les retraites. Quand les chars soviétiques marchaient sur Budapest, Jean-Paul Sartre, comme tant d'autres militants en colère, claqua la porte du Parti communiste français. À vingt-deux ans, Brigitte Bardot faisait scandale dans le film *Et Dieu… créa la femme.*

Nous sommes un peu plus de 800 000 à naître en France cette année-là. Comme tous les parents, les nôtres sont sensibles à la mode des prénoms, et nous sommes nombreux à nous appeler Martine, Françoise, Chantal, Catherine, ou Philippe, Patrick, Michel, Alain… Nos dix-huit premières années ont été traversées par des bouleversements sociaux et économiques, des révolutions grandes ou petites dont nous n'avons pas toujours, sur le moment, mesuré l'importance : premiers stylos à plume, première voiture familiale, premières courses dans les grandes surfaces ou premières campagnes en faveur de la contraception… Au bout du compte, le monde dans lequel nous sommes devenus majeurs n'avait plus grand-chose à voir avec celui qui nous avait vus naître.

Ce livre s'adresse aux hommes et aux femmes nés en 1956, à leurs enfants et petits-enfants, et à tous ceux qui voudraient revivre un peu de ce qu'a été notre jeunesse, dans la France des années soixante et soixante-dix. Ruraux ou citadins, riches ou pauvres, au nord ou au sud, nous avons eu des enfances très différentes les unes des autres. Ce texte, qui ne prétend pas les représenter toutes, voudrait en restituer l'ambiance et la saveur.

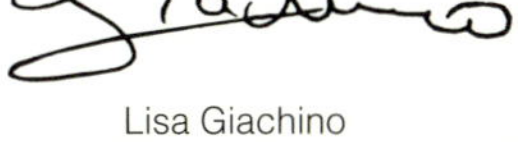

Lisa Giachino

Chantal Garrigues

Le temps des berceuses

Jeune couple dans les années d'après-guerre.

La « méthode des températures »

Nous, les enfants de 1956, sommes venus au monde au beau milieu des « Trente Glorieuses ». Onze ans après la fin de la guerre, la France avait toujours besoin de bras pour reconstruire un monde meilleur. Certaines femmes se faisaient un devoir d'élever au moins trois enfants : il fallait reconstituer les forces vives du pays afin de lui éviter de nouvelles défaites. Cette conviction leur avait été inculquée à l'école. Dès l'avant-guerre, les enseignants du primaire et du secondaire avaient reçu comme consigne d'éveiller chez leurs élèves « l'esprit familial ». Mais nos parents n'ont pas renoué pour autant avec le modèle des familles très nombreuses. Chez les femmes de la génération de nos mères – nées autour de 1930 – le taux moyen de fécondité n'a jamais dépassé trois enfants. De nombreux couples choisissaient de limiter la taille de leur famille pour offrir à leur progéniture une vie meilleure.

Chronologie

2 janvier 1956
Lors des élections législatives remportées par le Front républicain (SFIO et Radicaux), le mouvement poujadiste place plusieurs députés à l'Assemblée. Parmi eux, Jean-Marie Le Pen, âgé de vingt-sept ans.

Février 1956
Nikita Khrouchtchev prône la coexistence pacifique entre l'Union soviétique et le camp capitaliste et amorce la déstalinisation.

18 février 1956
Les congés payés passent à trois semaines par an.

26 juillet 1956
Le président égyptien Nasser nationalise le canal de Suez, défiant l'Angleterre et la France.

25 mars 1957
Six pays signent le traité de Rome, qui instaure la Communauté européenne économique (marché commun).

Mai 1958
En Chine, début du « Grand bond en avant », réforme économique qui aura pour conséquence la mort de 20 millions de personnes.

13 juin 1958
Dix jours après son retour au pouvoir, le général de Gaulle est le premier homme politique français à prononcer une allocution télévisée.

14 septembre 1958
De Gaulle et Adenauer amorcent le rapprochement franco-allemand, lors de leur rencontre à Colombey-les-Deux-Églises.

28 septembre 1958
La constitution de la Vᵉ République est approuvée par référendum, à plus de 80 % des suffrages.

21 décembre 1958
Charles de Gaulle est élu président de la République et de la Communauté françaises.

Jeune mère et son enfant dans le Midi de la France.

Pourtant, maîtriser leur fertilité n'était pas chose facile pour ces couples. Dans la France de 1956, le débat autour du contrôle des naissances en était encore à ses balbutiements : la contraception était interdite par la loi. Les couples aisés pouvaient se procurer des contraceptifs ou mettre fin à une grossesse dans les pays qui l'autorisaient. Parmi le reste de la population, les avortements clandestins, pratiqués à l'aide d'une aiguille à tricoter ou de produits toxiques, faisaient des ravages : entre 300 et 500 décès par an. Seule la contraception « naturelle », admise par l'Église catholique, était jugée moralement acceptable. C'est ainsi que de nombreuses

Poignée de main symbolique entre le chancelier Adenauer et le général de Gaulle, 14 septembre 1958.

femmes découvraient la méthode Ogino et celle des températures – avec plus ou moins de succès. L'Association des jeunes agriculteurs chrétiens organisait des « retraites de fiancés », où les futurs époux recevaient des informations sur ces méthodes. Au prix d'une vigilance quotidienne, certaines jeunes femmes parvenaient ainsi à être enceintes au moment où elles l'avaient décidé. Celles qui ne voulaient pas perdre leurs précieuses allocations familiales, prenaient soin de ne pas laisser passer plus de trois ans entre chaque enfant !

Les pionniers du Planning familial

Grenoble, 8 mars 1956. L'association La Maternité heureuse est créée par une poignée de médecins. Objectifs : prévenir les drames de l'avortement et donner aux couples des outils pour maîtriser leur procréation. Les adhérents ont accès à des informations, aux adresses de médecins formés, à des commandes de contraceptifs à l'étranger. Rebaptisée en 1960 Mouvement français pour le planning familial, l'association ouvre des centres d'accueil à Grenoble, puis à Paris. Ses activités tombent sous le coup d'une loi de 1920 réprimant « la provocation à l'avortement et la propagande anticonceptionnelle ». Mais les autorités laissent faire, dépassées par ce mouvement qui bénéficie d'un fort courant de sympathie. Dès 1956, des magazines féminins publient des témoignages de femmes qui ont pratiqué l'avortement clandestin, ou se disent débordées par des naissances rapprochées : « Je suis épuisée… Après quatre ans de mariage, j'ai quatre enfants », écrit une lectrice de Marie-Claire *en 1958. « Je tremble à l'idée d'une permission », confie l'épouse d'un soldat appelé en Algérie. Neuf ans plus tard – le 28 décembre 1967 – la loi Neuwirth autorisant la contraception sera votée par l'Assemblée.*

Toutes à la maternité !

Contrairement à nos frères et sœurs aînés, la plupart d'entre nous sont nés à l'hôpital ou dans une clinique privée. Pour nos mères, qui jusqu'au début des années cinquante avaient enfanté à domicile, c'était une petite révolution ! Les paysannes y voyaient l'assurance « d'être tranquilles » : accoucher sans risque, mais aussi se reposer neuf jours loin de la maisonnée. Les conditions d'accou-

Couple d'agriculteurs et son enfant, Haute-Savoie, fin des années cinquante.

chement variaient beaucoup d'un établissement à l'autre. En cas de naissance difficile, les médecins pratiquaient des injections pour accélérer ou calmer les contractions. Ils anesthésiaient parfois la douleur en faisant respirer des gaz à la parturiente. Mais ils étaient avant tout soucieux d'éviter les infections, en créant autour des femmes un environnement aseptisé. Dans les grands hôpitaux, celles-ci accouchaient dans une salle unique divisée en petits boxes, qui résonnait de cris et de gémissements. En revanche, dans les petites maternités de campagne, l'ambiance était très calme. Les agricultrices, qui n'avaient pas l'habitude d'être dorlotées, appréciaient que le personnel les lave, leur apporte à manger et prenne en charge le bain de leur nouveau-né. En général, les proches et le mari avaient interdiction d'entrer dans la salle de travail. Il arrivait toutefois qu'un homme insiste pour voir naître son enfant, ou qu'une sage-femme particulièrement moderne invite le père à soutenir son épouse.

Les visites prénatales étaient prises en charge par la Sécurité sociale. Mais la préparation à l'accouchement n'existant pas encore, nos mères recevaient très peu d'informations : le médecin les renseignait uniquement sur leur état de santé et celui du bébé qu'elles portaient. Beaucoup ignoraient tout du fonctionnement de leur corps et du processus de l'accouchement. Le jour de la naissance, elles devaient s'en remettre entièrement au personnel médical, sans savoir comment affronter la douleur. Pour les rassurer, les sages-femmes leur expliquaient que le bébé, lui, ne souffrait pas des contractions. À peine sorti du ventre de sa mère, le nouveau-né était souvent pendu par les pieds quelques secondes, afin qu'il crie vigoureusement et crache les mucosités restées dans sa gorge.

L'accouchement « sans douleur » : une révolution des mentalités

« En parfait ingénieur d'une machine perfectionnée qu'est son corps, le cerveau de la femme contrôle, dirige, régularise le fonctionnement de cette admirable machine », écrivent en 1956 les promoteurs de l'accouchement sans douleur. Fernand Lamaze a découvert cette méthode en URSS et l'expérimente à la maternité de l'Union syndicale des métallurgistes parisiens (CGT). Il organise des cours collectifs durant lesquels les futures mères apprennent comment fonctionnent leurs organes sexuels, les étapes de l'accouchement, les gestes et comportements à adopter. Les femmes, qui ont pour la plupart quitté l'école très jeunes, sont fières d'acquérir des connaissances scientifiques, d'être actrices de leur accouchement et prises en considération par l'équipe médicale. Certes, la théorie neurophysiologique sur laquelle est fondée la méthode se révélera fausse par la suite. Mais le projet ouvre la voie à de profonds changements dans le regard que les mères portent sur elles-mêmes. Il connaît un véritable engouement et s'exporte en Europe et en Amérique. En janvier 1956, le pape Pie XII proclame que l'accouchement sans douleur n'a rien de contraire à la morale chrétienne. En juin, la Sécurité sociale est autorisée à rembourser les séances de préparation à l'accouchement. Celles-ci seront massivement proposées aux femmes à partir des années soixante.

La mode du biberon

Dans certaines maternités, on continuait à croire que le colostrum, le lait jaune des premières heures, était mauvais pour le nouveau-né. À la naissance, le bébé recevait donc un peu d'eau sucrée, puis il jeûnait pendant vingt-quatre heures. Dans d'autres établissements, il était baigné et posé dans les bras de sa maman qui commençait immédiatement à l'allaiter.

Une fois rentrée à la maison, il arrivait que la mère souffre d'abcès, d'engorgement ou que la montée de lait faiblisse. Dans le Sud de la France, vivaient dans les années cinquante les derniers *tétaïres* : ces

Enfant dans son bain, vers 1957.

hommes vieux ou simples d'esprit tétaient la mère pour désengorger ses seins ou faire monter le lait. Parfois, c'est le médecin qui recommandait de multiplier les tétées, en recourant à un adulte de l'entourage. Ce pouvait être le mari, une sœur ou une jeune fille proche ; quoi qu'il en soit ce remède, un peu honteux, était tenu secret. Une mère qui produisait beaucoup de lait pouvait aussi « dépanner » une voisine moins pourvue, en allaitant un autre enfant que le sien.

De nombreuses femmes renonçaient cependant à nourrir leur bébé au sein. Après la seconde guerre mondiale, des biberons faciles à nettoyer étaient arrivés sur le marché, à des prix accessibles au grand public. Commercialisé dans la foulée de la Libération, le lait en poudre avait épaté les Français, qui l'associaient aux nouveautés apportées par les Américains. Les « réclames » pour le lait et les biberons montraient de jolis enfants joufflus, nourris à la tétine par une maman sereine ou un papa épanoui. L'allaitement au sein était jugé archaïque, et les femmes qui laissaient téter leur enfant jusqu'à deux ans préféraient que cela ne s'ébruite pas.

Les croyances liées au « mauvais lait » produit par les femmes dans certaines circonstances jouaient en faveur du biberon. On prétendait qu'allaiter tout de suite après un dur effort physique, une colère ou un gros chagrin, un coup de chaud ou de froid, pouvait tuer le nourrisson. Dans l'immédiat après-guerre, des femmes bien portantes avaient été incitées à ne pas allaiter leur enfant sous prétexte que leur lait avait été rendu trop pauvre par les privations subies. Quant au retour des règles, il était accusé d'ôter au lait ses vertus nutritives.

Pourtant, tous les foyers n'avaient pas les moyens d'acheter du lait en poudre. Dans les fermes, des nourrissons étaient élevés au lait de vache, stérilisé et coupé à l'eau selon les instructions du médecin. D'autres tétaient du lait d'ânesse ou de chèvre. Mais bien souvent, ces bébés « profitaient moins » que les autres et souffraient de diarrhées.

Devenu un passe-temps à la mode, le tricot permettait d'habiller chaudement les enfants.

Emmailloté comme un « petit paquet »

La nuit, et durant ses premiers jours, le bébé était emmailloté « comme un petit paquet » dans ses langes, les jambes jointes, et parfois même les bras immobilisés. Les sages-femmes, qui montraient aux jeunes mères comment s'y prendre, mettaient un point d'honneur à n'utiliser qu'une seule épingle pour fixer les couches de tissu... La « pointe », un linge triangulaire, était fixée autour des fesses. Le « rein chaud », une petite ceinture attachée autour du ventre, et la « bourrasse », un tissu moelleux, protégeaient l'enfant du froid – en hiver, on y ajoutait de la laine. Le tout tenait ensemble grâce à des bandelettes de coton. Plus tard, le nourrisson serait vêtu dans la journée de brassières de coton et de laine, de culottes bouffantes, de barboteuses, de petites robes blanches et bonnets de dentelle... Les dames de l'entourage confectionnaient des chaussons et des vêtements. Il y avait toujours un bébé pour lequel tricoter !

Laver les langes était une corvée quotidienne pour nos mères : les premiers « changes complets » jetables, les fameux Pampers, n'ont été mis au point aux États-Unis que trois ans après notre naissance. Pour protéger le berceau des fuites, les mamans le garnissaient de tissus épais et absorbants, puis d'une feuille de plastique lorsque celui-ci est devenu d'usage courant. D'autres utilisaient une « hygiénette », sorte de plateau de caoutchouc à rebords surmonté d'une planche perforée, qui laissait s'égoutter et recueillait l'urine.

Durant l'hiver, on plaçait dans le berceau de petites bouillotes en caoutchouc, ou une brique chauffée dans le poêle et enveloppée de tissu. Nos parents n'ont jamais oublié les rigueurs du mois de février 1956 : au cours de cet hiver, certaines femmes ont préféré ne pas sortir leur enfant du berceau. D'autres ont installé les lits de toute la famille dans la cuisine, autour du poêle à bois.

Ouvrier de la mine de La Plagne avec sa femme et ses enfants, Savoie, années cinquante.

Abdel Gamal Nasser annonçant à la radio le vote de la Constitution de la République égyptienne, en 1956. Un mois après son élection, le président égyptien a nationalisé le canal de Suez, qui était jusqu'alors contrôlé par des capitaux franco-britanniques.

Février 56 : le terrible hiver

Février 1956. Une vague de froid exceptionnelle s'abat sur l'Europe. Toute la France est touchée par la neige, le vent, le gel et des températures record : -35° C en Haute-Corrèze, -30° C sur le Pic du Midi, -15° C à Arles… Le Rhin et le Rhône charrient d'énormes blocs de glace, des cours d'eau sont gelés sur des kilomètres. À Marseille et Toulouse, les conduites d'eau éclatent. La Côte d'Azur est couverte de quarante centimètres de neige. Des dizaines de personnes meurent « frappées de congestion » – le 15 février, le journal Le Monde *avance le chiffre de 70 décès. C'est le cas d'un chanoine de Toulouse, qui rend l'âme en traversant le pont Saint-Michel sur son cyclomoteur. Dans les Yvelines, quatre travailleurs nord-africains sont retrouvés sans vie à l'intérieur d'un baraquement. Plusieurs décès de nourrissons sont recensés. L'Assistance publique ouvre des « chauffoirs et foyers » pour accueillir les personnes qui ne peuvent pas se chauffer suffisamment. L'agriculture est dévastée. Cultures maraîchères et horti-coles, champs de blé et d'avoine, vignes, vergers et oliviers : rien n'est épargné par le gel.*

À la fin des années cinquante, les voitures étaient encore rares.

Attaché sur le pot

En journée, nous passions beaucoup de temps dans de gros landaus sombres et arrondis, qui servaient à nous promener mais aussi à nous garder assis, bien calés par des coussins. Les tout petits n'étaient pas souvent posés par terre – les sols étaient tellement froids ! Nos mères nous installaient volontiers sur la table de la cuisine, où elles pouvaient nous surveiller tout en vaquant à leurs occupations. En grandissant, nous mangions dans des chaises hautes en bois. Lorsqu'elles achetaient de la viande, nos mères l'écrasaient pour en faire sortir le sang, qu'elles mélangeaient à notre soupe.

Pour les enfants en âge d'aller sur le pot, il existait de petits fauteuils en bois peint, munis d'un dossier, d'accoudoirs, d'un trou sous lequel poser un seau et de sangles ! Nous étions souvent attachés sur ce siège, lui-même posé sur la table. Cela n'allait pas sans risque – en poussant sur nos pieds, nous pouvions reculer et tomber tête la première sur le carrelage... Autre danger : la machine à laver, dont le modèle le plus courant n'était pas

Pierre Poujade entouré de son état-major, le 6 janvier 1956. Commerçants, artisans ou agriculteurs, les députés d'Union et fraternité française ont fait campagne contre les impôts.

fermé sur le dessus. On y versait de l'eau chaude, laissait le linge tourner, puis l'essorait entre deux rouleaux en tournant une manivelle. Hypnotisés par le mouvement de la mousse, des petits étaient repêchés de justesse alors qu'ils plongeaient dans l'eau…

Nos mères, nos grand-mères et nos sœurs nous chantaient les berceuses à la mode : *Une chanson douce*, enregistrée en 1950 par Henri Salvador, ou *Ferme tes jolis yeux*, qui remportait un grand succès depuis les années trente :

« Ferme tes jolis yeux / Car les heures sont brèves / Au pays merveilleux / Au beau pays du rêve / Ferme tes jolis yeux / Car tout n'est que mensonge / Le bonheur n'est qu'un songe / Ferme tes jolis yeux. »

Nos grands-pères puisaient plutôt dans leurs vieilles chansons de soldats – un tout autre répertoire :

« D'chez l'coiffeur sortant l'autre semaine / Où je m'étais fait raser le menton / Dans la rue je rencontre une ancienne / Qui m'embrasse et me dit tu sens bon / Moi très flatté du compliment / Je lui réponds fort galamment / Pétronille tu sens la menthe… »

L'aînée de quatre enfants célèbre sa communion, Midi de la France, 1957.

Le 13 mai 1958 à Alger, les partisans de l'Algérie française font appel à de Gaulle.

Le retour du général de Gaulle

La période 1956-1958 est marquée par l'enlisement de la guerre d'Algérie, qui précipitera la fin de la IVe République et le retour au pouvoir du général de Gaulle. L'incapacité du gouvernement à rétablir la paix dans la colonie divise la société comme les partis politiques, qui hésitent entre la négociation et la guerre à outrance contre le Front de libération nationale (FLN) algérien. La durée légale du service militaire (dix-huit mois) est souvent dépassée et 50 000 réservistes sont rappelés pour « maintenir l'ordre » en Algérie. Les mois suivants, des troubles éclatent dans les gares pour empêcher le départ de ces soldats. Le délitement du Front républicain, au pouvoir depuis le début de l'année, replonge le pays dans l'instabilité ministérielle. Le 21 mai 1957, le président du Conseil Guy Mollet est mis en minorité et démissionne.

À Alger, activistes colons et officiers militaires cherchent à provoquer un putsch qui contraindrait Paris à poursuivre la guerre. Le 13 mai 1958, un « Comité de salut public » investit le siège du gouvernement d'Algérie, et lance un appel à de Gaulle, qui se dit « prêt à assumer les pouvoirs de la République ». Paralysés par la menace d'un coup d'État militaire, le président René Coty et l'Assemblée nationale se tournent vers le général. De Gaulle obtient les pleins pouvoirs pour élaborer une nouvelle constitution et résoudre la crise algérienne. Le 4 juin, à Alger, il lance aux colons sa phrase fameuse :
« Je vous ai compris ! »

Affiche contre le projet de réforme de la Constitution proposé par de Gaulle, qui sera approuvé le 28 septembre 1958 par référendum.

À petits pas...

La bouée « canard », accessoire indispensable des vacances à la mer...

École maternelle ou section enfantine

Dans le flou de nos souvenirs les plus lointains, se détachent quelques images impérissables : la projection d'un film de Mickey sur le mur de la classe ; la salopette du Petit Poucet, héros d'un manuel de lecture maintes fois rabâché ; la « bouée canard » bleue et jaune des vacances à la mer… Entre trois et cinq ans, nous faisions encore partie des « petits ». La maîtresse montrait une certaine indulgence à notre égard – pour ceux d'entre nous qui allaient à l'école.

En 1960, les écoles maternelles et sections enfantines accueillaient les deux tiers des enfants de quatre ans, et un tiers de ceux de trois ans. La préscolarisation était plus importante dans les villes et les gros bourgs de la France industrielle : à la campagne, de nombreux enfants n'entraient pas à l'école avant cinq

Chronologie

1er janvier 1959
À la tête d'une armée d'insurgés, Fidel Castro met en fuite le dictateur Fulgencio Batista et prend le pouvoir à Cuba.

15 janvier 1959
La scolarité devient obligatoire jusqu'à l'âge de seize ans.

15 octobre 1959
Attentat de l'Observatoire contre François Mitterrand.

29 octobre 1959
Astérix le Gaulois fait son apparition dans le premier numéro du journal *Pilote*.

13 février 1960
La France fait exploser sa première bombe atomique dans le Sahara, provoquant la colère du Maroc.

Février-Mars 1960 et juin 1961
Des paysans, confrontés à la baisse des prix des produits agricoles et à l'endettement contracté pour se moderniser, manifestent et barrent les routes.

21 avril 1960
Aux États-Unis, le *Civil Rights Bill* accorde le droit de vote effectif aux noirs.

8 novembre 1960
Le démocrate John F. Kennedy est élu président des États-Unis contre Richard Nixon.

12 avril 1961
Le Soviétique Iouri Gagarine, premier homme à séjourner dans l'espace, tourne autour de la Terre pendant 1 heure et 48 minutes.

13 août 1961
Les premiers barbelés séparant Berlin-Est de Berlin-Ouest sont mis en place ; la construction du mur en béton débute deux jours plus tard.

1er septembre 1961
Sous l'égide de Nasser, Nehru et Tito, se tient à Belgrade la première conférence des pays non-alignés.

8 septembre 1961
Attentat manqué contre Charles de Gaulle à Pont-sur-Seine.

Sous la tente, en famille.

ans. Cependant, depuis les années cinquante, la fréquentation des petites classes était en plein boom. Considérée autrefois comme un « asile » pour enfants défavorisés, la maternelle était de plus en plus prisée par les classes moyennes et bourgeoises. Encadrées par un réseau d'inspectrices, les institutrices – uniquement des femmes – devaient jouer un rôle de « mère intelligente et dévouée ». Tout en préparant les enfants à l'école élémentaire, elles leur proposaient des activités d'éveil pour favoriser leur épanouissement. Chaque classe accueillait en moyenne 43 enfants. La cour de récréation était souvent nue, hormis quelques bancs. Les établissements les mieux lotis possédaient un jardin et un bac à sable.

Barbelés devant la porte de Brandebourg, lors de la construction du Mur de Berlin en 1961.

Scène de famille saisie par un photographe posté dans une rue de Montpellier. Les passants photographiés pouvaient ensuite se rendre à la boutique pour acheter le cliché.

Mais à la campagne et dans les petits bourgs, les maternelles étaient encore très rares. Le plus souvent, nos parents pouvaient nous inscrire dans la section enfantine de l'école primaire. « L'école des curés », comme l'appelaient ses détracteurs, était en compétition avec celle « de la République ». Lorsqu'une famille emménageait dans la localité, elle était doublement courtisée. Les mamans impliquées dans l'école catholique ou protestante se pressaient autour de la nouvelle venue – surtout si la famille était d'un niveau social élevé. Quant aux instituteurs laïcs, qui devaient renflouer leurs effectifs, ils prospectaient auprès des parents pour accueillir les enfants de deux ans… Au fond de la grande salle, de petits lits de camps permettaient aux plus jeunes de faire la sieste.

Dès cinq ans, les pleins et les déliés

Jonglant avec un emploi du temps minutieux, les enseignants des classes uniques avaient peu de temps à consacrer aux petits. L'école était à la fois une garderie où nous pouvions jouer, et un lieu où, par contagion, nous finissions par apprendre à lire et à compter. Nous faisions des travaux manuels – frises, guirlandes, peinture sur des moulages de plâtre – et dessinions des cartes pour la fête des mères. Ceux qui s'y intéressaient pouvaient suivre la leçon destinée aux CP et, soudain, nos parents découvraient que nous savions déchiffrer les panneaux publicitaires. Ils n'étaient pas forcément surpris : à leurs yeux, l'école était un lieu sérieux, fait pour apprendre et non pour jouer. Une conception partagée par de nombreux instituteurs d'école primaire, qui prévoyaient pour la dernière année de section enfantine, un programme très proche de celui du CP.

À cinq ans, les plus habiles d'entre nous maîtrisaient déjà les pleins et les déliés. En arrivant à l'école, nous trouvions dans notre « cahier du jour », soigneusement calligraphiés, la date et un exercice d'écriture : une phrase à copier plusieurs fois, des syllabes et des mots dont il fallait « faire une ligne »… Nous n'étions pas encore mûrs pour la dictée, mais on nous demandait déjà de souligner les verbes dans une phrase ! En général, l'enseignant utilisait des extraits du livre de lecture, dont les historiettes avaient souvent une connotation morale. C'est ainsi que nous devions recopier des phrases comme : « Que c'est vilain de se mettre en colère », ou « C'est une bien grande joie de rendre service aux autres. » Pour nous initier au calcul, l'institutrice dessinait dans notre cahier, à main levée ou au tampon encreur, des animaux, des fruits et des objets que nous devions additionner ou soustraire. En cours d'année, nous apprendrions à poser des opérations et à résoudre de petits problèmes mathématiques. Nos cahiers étaient presque aussi sérieux que ceux de nos aînés du cours préparatoire, laissant peu de place au dessin et au coloriage. Dans la marge, la maîtresse appréciait chaque exercice et ne manquait pas de signaler s'il y avait « trop de fautes », si une ligne d'écriture était « passable » ou une opération « mal présentée ».

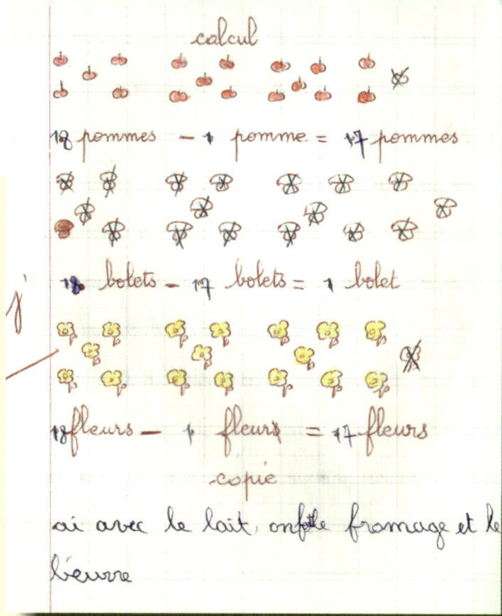

Exercices de calcul et d'écriture d'un élève de section enfantine.

Malpasset, le « barrage maudit »

Le 2 décembre 1959 vers 21 heures, une gigantesque vague s'abat sur la ville de Fréjus. Inauguré en 1954, le barrage de Malpasset, construit dans la vallée d'un torrent sec l'été et en crue l'hiver, devait constituer un réservoir pour l'irrigation des cultures. Il n'avait jamais été rempli jusqu'aux pluies diluviennes de cet hiver, sous lesquelles il a fini par céder.
Le désastre est filmé par les reporters des Actualités françaises : ville ravagée, corps raidis par la boue transportés par les sauveteurs… « Ce n'est plus qu'un paysage bouleversé, des étendues nivelées par la catastrophe, des maisons éventrées, des amas de débris enchevêtrés qu'offre aujourd'hui la campagne de Fréjus », commente le journaliste. Une semaine plus tard ont lieu les premières sépultures. La caméra montre les noms des victimes, griffonnés à la craie sur le bois de 107 cercueils : dans l'une des caisses, reposent 4 enfants de la même famille. Le barrage aura tué 423 personnes. En 1967, la cour de cassation a estimé qu'aucune erreur humaine n'était à l'origine de l'accident.

Sauvetage sur le site de la catastrophe de Malpasset.

Cirer la cheminée

Derrière les enfants, un petit arbre de Noël.

Que nous soyons inscrits à l'école maternelle ou dans une section enfantine, nous préparions souvent un spectacle donné devant nos parents. Déguisés en magiciens et en clowns, nous dansions avec un cerceau. Ou bien la maîtresse décidait de revisiter une fable, et nous étions des animaux : la cigale, ses ailes accrochées dans le dos, agitait ses cymbales – deux couvercles décorés de papier crépon – tandis que le cygne jetait des plumes à la ronde… Ces spectacles se tenaient parfois le jour de « l'arbre de Noël ». Dans les cités minières et industrielles, la vie scolaire était étroitement liée à celle du comité d'entreprise, qui finançait une fête pour les enfants d'ouvriers. Un sapin était décoré ; chaque enfant recevait un jouet. Cependant, la tradition de l'arbre de Noël était encore peu répandue.

À la maison, on sortait les santons et on « faisait la crèche ». Les plus petits croyaient au Père Noël et préparaient avec soin son passage. Pour favoriser son entrée dans la maison, on ouvrait le manteau de la cheminée et on frottait la tôle avec du cirage noir. Les chaussures, bien cirées elles aussi, étaient disposées à l'intérieur pour recevoir cadeaux et friandises – plutôt que des papillotes, on avait des crottes en chocolat fourrées de crème colorée. Seuls les plus petits recevaient un présent, suivant les moyens de la famille : petit train ou voiture à pédales pour les garçons, poupon – on disait alors « baigneur » – pour les filles… Nos mères choisissaient parfois un poupon noir – on en trouvait dans les magasins. Mais le comble du luxe, pour une poupée, était qu'elle soit dotée de « vrais cheveux »… À Pâques, dans certaines régions, les enfants se rendaient à la messe munis d'un petit rameau en carton doré, décoré de sujets en chocolat. Ils avançaient jusqu'au prêtre pour qu'il les bénisse, puis se délectaient des friandises !

Petit garçon et sa Dauphine à pédales…

Manifestation des Algériens à Paris, le 17 octobre 1961. Elle sera sauvagement réprimée.

Algérie : vers la fin de la guerre

Jusqu'en 1962, le dossier algérien reste au centre de toute la vie politique française. En septembre 1959, Charles de Gaulle reconnaît le droit à l'autodétermination du peuple algérien. Les colons se sentent trahis. En janvier 1960, la « semaine des barricades », insurrection des partisans de l'Algérie française, fait 14 morts et 123 blessés dans la colonie. En France, le Manifeste des 121, signé par des intellectuels de gauche dont Jean-Paul Sartre, appelle les conscrits à refuser le service militaire en Algérie. Le 8 janvier 1961, consultés par référendum, les Français approuvent à 75 % le droit des Algériens à l'autodétermination. Des négociations sont entamées avec le FLN.
Mais les tensions restent vives sur les sols français et algérien. Aux attentats du FLN répondent ceux de l'Organisation armée secrète (OAS). Le 22 avril 1961, quatre généraux français organisent un coup de force et prennent le contrôle sur Alger durant quelques jours. À Paris, les 17 et 18 octobre, la répression de manifestations pour l'indépendance tourne au massacre. Cependant, les négociations avancent.
Le 18 mars, les accords d'Évian mettent fin à la guerre. Le 3 juillet, l'indépendance de l'Algérie est proclamée.

Dans les jupes des grandes sœurs

Les filles aînées secondaient les mères dans la tenue de la maison.

Beaucoup d'agricultrices auraient apprécié que leurs enfants soient scolarisés avant l'âge de cinq ans. Le matin, elles confiaient les plus petits à leur propre mère avant de partir en champs. Le soir, après avoir fait manger la maisonnée, effectué les tâches ménagères et couché leur progéniture, certaines devaient encore travailler : les feuilles de tabac, dont la culture permettait à des milliers de familles agricoles de joindre les deux bouts, devaient être séchées et triées.

Accaparées par la tenue de leur maison, les femmes au foyer nous laissaient jouer à notre guise. Dans des boîtes en carton trouées sur le dessus, nous enfermions des escargots qui finissaient toujours par s'échapper, laissant des traces baveuses sur les murs. Nos mères nous emmenaient parfois en visite chez leurs amies, avec qui elles papotaient et tricotaient. Pour nous occuper, la maîtresse de maison déballait ses trésors : des œufs gigognes en plastique, le jeu du « cochon qui rit »... Pour nous qui possédions peu de jouets, la moindre nouveauté était une fête !

Surveiller les plus jeunes faisait partie des attributions des grandes filles, au même titre que laver la vaisselle, balayer ou aller chercher le charbon. L'été, après le souper, nous sortions dans la rue, où nos sœurs organisaient des jeux de mimes. Élastique, la cellule familiale était souvent appelée à s'élargir. Parfois, c'était un grand-père ou une grand-mère qui terminaient leur vie auprès de nous. Ou bien la grossesse d'une grande sœur, imprévue et hors mariage, nous donnait un neveu ou une nièce pour partager nos jeux. Un décès, une naissance difficile, des raisons de santé pouvaient conduire sous notre toit, pour quelques mois ou quelques années, un cousin de notre âge...

En dehors du cercle familial, la mixité n'était pas considérée comme normale. Lorsqu'un petit garçon et une petite fille devenaient amis, ils étaient la risée des enfants du voisinage qui les taquinaient en criant : « Oh, les amoureux ! » À quatre ou cinq ans, cela n'empêchait pas deux voisins de jouer sur le mur séparant leurs jardins, ou sur le bout de trottoir reliant leurs maisons. Mais ces amitiés mixtes ne survivraient pas à l'école. Nos mères elles-mêmes invitaient plus naturellement un enfant du même sexe à venir jouer avec nous à la maison.

L'été, elles mettaient de l'eau à chauffer au soleil dans des bassines, et nous y prenions des bains. Nous inventions des histoires, nous jouions au docteur et à « papa-maman ». Mais des limites étaient fixées là où commençaient certains tabous : tout ce qui concernait le « zizi » ou la « sissi » était « sale ». Les garçons surpris en train de jouer à « touche-pipi » tremblaient de terreur en repensant à la sentence maternelle : « Ça bouche le zizi, si tu recommences, tu devras aller à l'hôpital, et il faudra mettre des aiguilles à tricoter dedans pour le déboucher ! »

À quatre ou cinq ans, nous trouvions nos amis dans le cercle du voisinage.

La fin de l'empire colonial

En 1960, pas moins de 14 pays africains s'émancipent de Paris. Le 1er janvier, le Cameroun ouvre le bal après cinq ans de guérilla. Les autres déclarations d'indépendance se font en douceur. Le Togo devient souverain en avril, suivi de Madagascar en juin. Le mois d'août voit la liquidation de l'Afrique orientale et l'Afrique équatoriale françaises : la République du Dahomey (l'actuel Bénin), le Niger, la Haute-Volta (l'actuel Burkina Faso), la Côte d'Ivoire, la République centrafricaine et celle du Congo, le Tchad, le Gabon et le Sénégal fêtent leur indépendance. En septembre, le Mali quitte la Communauté franco-africaine, suivi, en novembre, par la Mauritanie. Le Maroc et la Tunisie sont indépendants depuis 1956, la Guinée Conakry depuis 1958. De l'Afrique française, il ne reste à la fin de l'année 1960 que l'Algérie, les Comores et Djibouti.

Portraits de Georges Pompidou et de Léopold Sédar Senghor imprimés sur du tissu lors d'une visite du président français à Dakar en 1970, dix ans après l'indépendance du Sénégal.

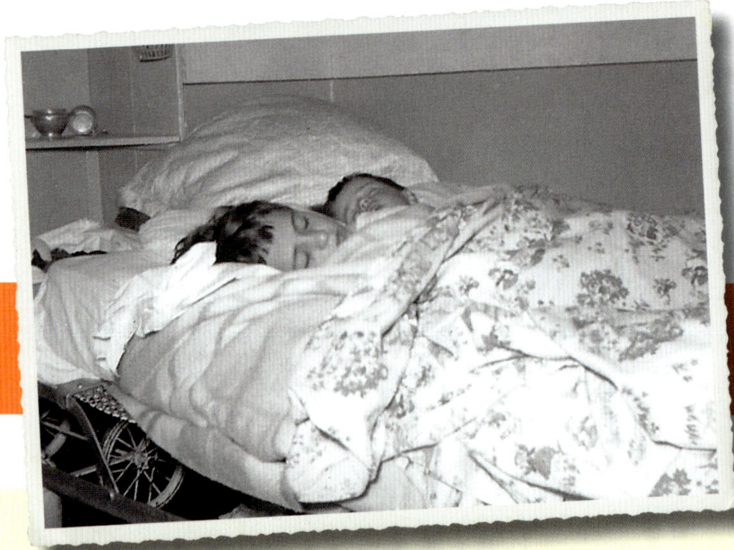

Frère et sœur endormis dans un coin de cuisine.

La chaleur de la cuisinière

L'hiver, toute la famille se regroupait dans la cuisine, la seule pièce chauffée de la maison, autour de la cuisinière à bois sur laquelle gémissaient plusieurs bouilloires. On y faisait tout : repas, devoirs, lessive, toilette… On ne prenait pas de bain tous les jours et lorsque le baquet était plein, tout le monde y passait. Le dimanche avant la messe, il y avait de la vapeur partout ! Pudeur oblige, les parents se lavaient dans la cuisine en toute discrétion : jamais les enfants ne les voyaient dévêtus.

Nous n'avions pas de salle de bains, mais les « cabinets » pourvus d'une cuvette en faïence et d'une chasse d'eau étaient assez répandus. Ajoutés au bas d'un escalier, au fond d'un couloir ou sur un bout de terrasse, ils n'étaient pas chauffés et l'hiver, on y gelait. À la campagne, les toilettes se trouvaient encore souvent dans un cabanon extérieur. En ville, dans certaines habitations, on utilisait un seau, posé derrière un rideau au bas de l'escalier, qu'il fallait vider dans un lieu public prévu à cet effet. Qu'ils soient froids, obscurs ou malodorants, aller aux cabinets était rarement une partie de plaisir !

Nous n'avions pas non plus toujours une pièce à nous. Selon la taille du logement et de la famille, nous dormions dans la chambre des parents, dans la salle à manger, avec un grand-père ou une grand-mère… À la mauvaise saison, les chambres étaient glaciales. Nous allions nous coucher avec des briques, des bouillottes et d'énormes édredons. L'aisance ou la pauvreté se traduisaient souvent en bons ou mauvais moyens de chauffage : les familles qui devaient se contenter d'un médiocre poêle à bois, à charbon et parfois à sciure, passaient l'hiver dans le froid et la fumée. Mais si nous disposions d'une bonne cuisinière, quel délice de se réchauffer les pieds sur la porte du four ! Nous laissions nos pantoufles à l'intérieur, et les oubliant parfois, nous les faisions cuire…

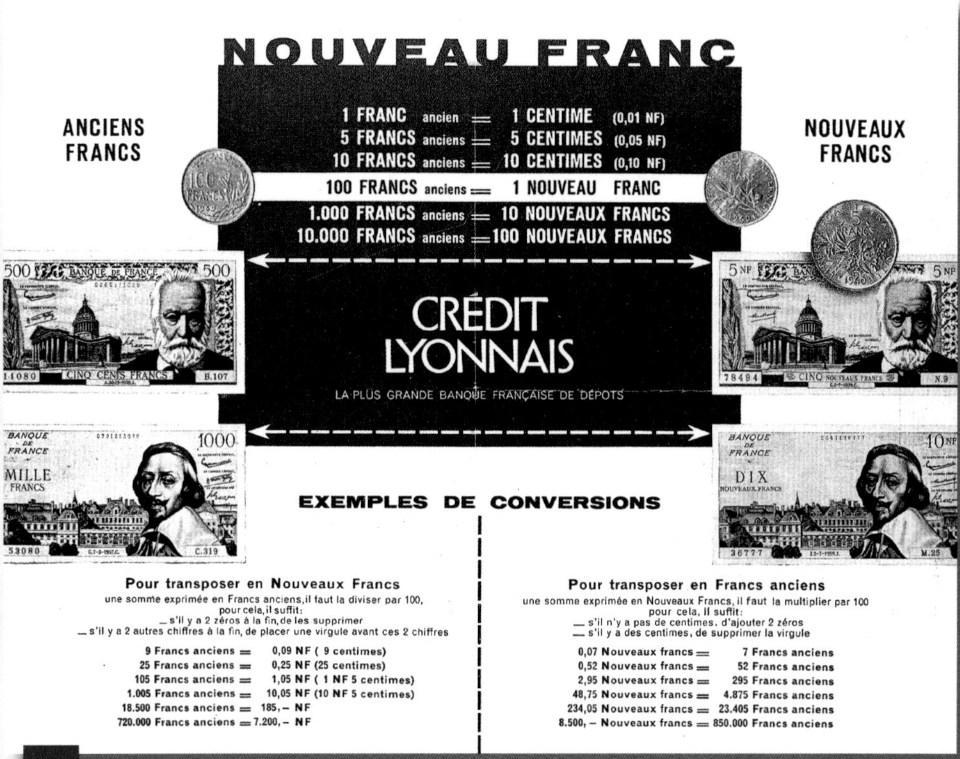

Prospectus sur la conversion en nouveaux francs.

Le passage aux nouveaux francs

En 1960, on l'appelle aussi « franc lourd », car il équivaut à 100 anciens francs. La création du nouveau franc fait partie d'une réforme qui vise à stabiliser le budget, consolider la monnaie et préparer l'ouverture commerciale de la France.
Le 27 décembre 1958, une période de transition est ouverte : sur les billets habituels, la valeur en nouveaux francs est ajoutée en rouge. Les autorités et les médias multiplient les opérations de communication. L'une des plus spectaculaires a lieu dans la petite ville de Rueil-Plaine, en région parisienne, transformée en « Francville » sous l'égide des ministères de l'Information et des Finances. Le centre commercial, interdit aux adultes à l'exception des journalistes, est livré à 1 400 écoliers qui « jouent au marchand » en nouveaux francs…
En dépit des inquiétudes, le passage définitif au « franc lourd », le 1er janvier 1960, se déroule sans heurts. La paie mensuelle de l'ouvrier moyen passe de 50 000 anciens francs à 500 nouveaux francs par mois, le kilo de pain de 60 francs 40 à 60 centimes. Cependant, à la fin des années soixante-dix, la majorité de la population compte encore dans l'ancienne monnaie.

Jeux de filles, jeux de garçons

Notre premier vélo était un objet précieux à nos yeux.

Thierry la Fronde et Ivanhoé

« École de filles » d'un côté, « école de garçons » de l'autre : même nos cours de récréation étaient distinctes, et nous avions chacun nos jeux. Seuls les villages trop petits pour accueillir deux classes faisaient exception : les garçons jouaient à la marelle et à l'élastique, tandis que les filles s'essayaient au foot. Partout cependant, les billes restaient une spécialité masculine !

Les jeux des filles étaient régis par une série de contraintes, qui rendait leur exécution de plus en plus difficile. À la marelle, le trajet se faisait d'abord normalement, puis « sans parler », « sans bouger », « sans rire », « sur l'autre pied », « yeux fermés »... À la corde à sauter, on suivait des figures précises

Chronologie

28 octobre 1962
À 62 %, les Français approuvent le projet d'élection du président de la République au suffrage universel.

22 janvier 1963
La France et la RFA scellent leur réconciliation par un traité bilatéral.

22 mars 1963
Sortie du premier album des Beatles – les Rolling Stones existent déjà depuis 1962.

28 août 1963
Martin Luther King prononce son discours contre la ségrégation raciale, « I have a dream ».

22 novembre 1963
Le président américain John F. Kennedy est assassiné à Dallas.

12 juin 1964
En Afrique du Sud, Nelson Mandela est condamné à la détention à perpétuité.

Juillet 1964
Sur la plage de Cabourg, en France, une jeune femme crée l'évènement en prenant le soleil seins nus.

8 décembre 1965
Clôture de Vatican II, le concile de l'Église catholique qui sonnera le déclin de la messe en latin.

19 décembre 1965
De Gaulle est réélu président de la République avec 54,5 % des voix contre 45,5 % pour François Mitterrand.

4 janvier 1966
Une explosion à la raffinerie de Feyzin, qui tue 18 personnes, est considérée comme la première catastrophe industrielle en France.

1er février 1966
Les femmes deviennent juridiquement maîtresses de leurs biens ; leurs droits sur le budget familial sont reconnus.

7 mars 1966
Dans une lettre au président américain Lyndon Johnson, de Gaulle annonce que la France souhaite « ne plus mettre de forces à la disposition de l'OTAN ».

16 mai 1966
En Chine, Mao Zedong lance la « Révolution culturelle ».

1er septembre 1966
Dans son discours de Phnom Penh, au Cambodge, de Gaulle condamne la politique américaine menée au Vietnam.

Un garçon et ses sœurs en tenue d'école, Midi de la France.

dictées par le rythme des chansons. On jonglait aussi contre un mur avec trois petites balles de couleurs différentes, que l'on pouvait acheter au bureau de tabac. Ah, le bureau de tabac ! On y trouvait des bonbons à 1, 2 ou 10 centimes : réglisses, têtes de nègre, car-en-sac, roudoudous… Il y avait aussi les fameuses « surprises » : de jolis cornets marqués « fille » ou « garçon », bourrés de papier journal, qui ne contenaient qu'une modeste babiole et quelques bonbons. On avait beau le savoir, cela ne nous empêchait pas de les convoiter !

Dans les bazars et sur les marchés, nos mères nous achetaient parfois quelques billes, des pistolets à amorce, à flèches ou à eau, des jeux de dames, de dominos ou de petits chevaux… Les garçons s'y fournissaient en pétards ; les filles adoraient les personnages en carton à découper et à habiller de vêtements à languettes. On y achetait aussi des osselets métallisés, à moins que notre mère, en revenant de chez le boucher, ne nous ait mis de côté les os qui avaient la forme adéquate.

Les filles rivalisaient d'agilité sur leurs patins à roulettes ; les garçons aimaient se fabriquer des véhicules et des armes. Les matériaux ne manquaient pas : nous n'avions qu'à nous servir parmi les déchets entassés à la sortie des usines ou au détour des chemins. On récupérait les roulements à bille des machines industrielles ou de vieux patins à roulettes, pour construire des chariots à bord desquels on dévalait les pentes. Les billes servaient aussi de projectiles pour nos frondes et nos sarbacanes. On utilisait également du bois pour fabriquer arcs, flèches, épées et boucliers. Les garçons brandissaient leurs armes en chantant à tue-tête les génériques d' « Ivanhoé » et « Thierry la Fronde ». Nous n'avions pas tous la télévision, mais nous pouvions regarder nos émissions préférées chez les voisins. Le mercredi soir, nous n'aurions manqué pour rien au monde la « Piste aux étoiles » présentée par Roger Lanzac. Nous étions émerveillés : le cirque était un spectacle rare, auquel nous ne pouvions assister qu'une fois ou deux au cours de notre enfance. Mais nous en avions, chaque semaine, une version miniature enfermée dans le petit écran !

À l'encre violette

Écolières en tablier.

Le jour de la rentrée, on se faisait un point d'honneur d'avoir un tablier neuf. Pour les filles, il y avait des imprimés fantaisie : petits carreaux bleus, gris, grenats… Les garçons arboraient, eux, un court tablier gris. Sur nos jambes, de grandes chaussettes bien tirées – les collants de laine étaient encore rares. On avait souvent froid aux genoux ! Mais ce n'était rien à côté des écoliers tout juste rapatriés d'Algérie. Arrivées peu avant l'hiver, de nombreuses familles « pieds noirs » sans le sou n'avaient rien de chaud pour se couvrir. En guise de manteau, certains de nos camarades ne portaient qu'un maigre ciré…

Les meilleurs élèves obtenaient un bon point et, au bout de dix bons points, une grande image...

Nous avons appris à écrire avec les porte-plumes que nous trempions dans nos encriers. Quand l'encre était épuisée, le maître ou la maîtresse donnait la poudre aux élèves « de service » : la violette pour les enfants, et la rouge pour l'instituteur. Il fallait se rendre à l'évier dans le couloir, verser la dose de poudre dans la bouteille, mélanger énergiquement avec l'eau, puis remplir les encriers de toute la classe. Cette mission, prestigieuse à nos yeux, était réservée aux « grands ». Elle nous paraissait d'autant plus enviable que la poudre et les bouteilles d'encre étaient enfermées dans un placard dont seule la maîtresse détenait la clé... Nos premières plumes, qui se fixaient au bout d'un manche en bois, s'achetaient par lots, rangées dans une petite boîte. Un peu plus tard, les enseignants « modernes » ont introduit le stylo à encre dans leurs classes, mais nous sommes nombreux à avoir attendu le collège pour abandonner plume et encrier. L'instituteur nous distribuait aussi des buvards que nous devions conserver le plus longtemps possible. Nous étions grondés si nous le salissions trop vite ; mais cela n'allait pas non plus si nous ne l'usions pas suffisamment : notre cahier serait plein de bavures et de « pâtés »...

Les exercices de calcul mental se faisaient sur des ardoises. Il fallait rapidement résoudre l'opération dictée par le maître, inscrire le résultat et lever son ardoise. Il y en avait toujours un dans la classe pour protester : « Attendez Monsieur, j'ai pas fini ! » S'il fallait essuyer le tableau ou taper les brosses l'une contre l'autre pour en faire sortir la poussière de craie, la maîtresse nous

demandait : « Qui est de service aujourd'hui ? » À tour de rôle, les élèves assumaient ces petites corvées.

Nous avions un « cahier de composition » : régulièrement, l'instituteur nous donnait une partie du programme à réviser. Tout le monde se demandait sur quoi allaient porter les « compos ». Dès l'école primaire, nous étions préparés au contrôle de connaissances que nous rencontrerions au baccalauréat. En permanence, la maîtresse nous mettait en condition : « Quand vous ferez vos révisions, il faudra bien retenir ceci ou cela. »

Avec le système des classes uniques, nous avions l'impression de rabâcher chaque année, pendant quatre ou cinq ans, le programme du CE1 au CM2. L'histoire de France, par exemple, était découpée chronologiquement : les plus petits étudiaient les Gaulois, les moyens le Moyen Âge et la Renaissance, les CM2 la Révolution française... Ces leçons d'histoire dont nous connaissions des bribes par cœur, constituaient un récit à la fois familier et extraordinaire. Cependant, au fond de la classe, des élèves plus âgés que les autres

Cours de géographie à l'école de filles.

Une sortie d'école sous bonne garde.

considéraient tout ça d'un air détaché : ils n'iraient pas au collège, et avaient deux ans pour préparer le Certificat d'études primaires et élémentaires.

Paysans ou ouvriers, de nombreux parents tenaient à ce que leurs enfants accèdent aux études supérieures et deviennent « cultivés ». Parce que la lecture était un moyen d'y parvenir, ils nous achetaient des livres des bibliothèques rose et verte : des romans de la Comtesse de Ségur, ou des séries comme *le Club des cinq*, *Lancelot agent secret*, *Alice*, *Fantômette*... Les journaux *Lisette*, *Spirou* et *Pilote* étaient surtout diffusés dans les milieux citadins. Nous n'étions pas nombreux, non plus, à pratiquer des activités culturelles. Payer des cours de piano, de guitare ou de dessin revenait à « jeter l'argent par les fenêtres » : cela ne construisait pas un avenir, pensait la majorité des adultes.

Pieds-noirs et harkis : les rapatriés d'Algérie

26 mars 1962. À Alger, l'armée française tue 54 colons qui manifestaient. Trois mois plus tard, au lendemain de l'indépendance, les Français de la ville d'Oran sont massacrés par la foule. Traumatisés, près d'un million de pieds-noirs fuient vers la métropole par avion, cargo et parfois chalutier. Marseille, rapportent les Actualités françaises, est « le QG de cette foule bigarrée. Le cours de Verdun est devenu une sorte de Bab El-Oued. » En 1963, le gouvernement demande aux entreprises d'ouvrir leurs portes aux travailleurs pieds-noirs. Mais ces recrutements n'effacent pas l'amertume des anciens colons.
La situation des harkis, ces Algériens supplétifs de l'armée française, est plus difficile encore. Pour échapper au FLN qui les considère comme des traîtres, environ 60 000 d'entre eux gagnent la France, où ils sont logés dans des baraques de contreplaqué ou des maisons désertées par leurs occupants : « Dans les hameaux vidés par la misère paysanne, la vie a repris, et les odeurs orientales vous saisissent à plus d'un kilomètre », rapporte le journal télévisé. Les villageois s'habituent peu à peu à ces hommes portant turban et gandourah. « Ce sont des gens comme les autres », confie un paysan de Lozère à la caméra. « Mais on pourrait peut-être arriver à les faire comme nous, pour qu'ils soient moins voyants ! »

Catéchisme et patronage

Jusqu'en 1969, nous allions à l'école le mercredi et nous nous « reposions » le jeudi. En réalité, cette journée était pour une bonne part consacrée à l'enseignement religieux : le matin avait lieu la messe des enfants, suivie d'un cours de catéchisme donné par le curé. Dans la semaine, les dames de la paroisse nous administraient une seconde séance de « caté ». Ce qui ne nous dispensait pas de suivre la messe du dimanche !

Le curé était très impliqué dans l'éducation des enfants : il faisait en quelque sorte partie de la famille et mangeait de temps en temps à notre table. Les jeunes prêtres prenaient en charge les garçons de la paroisse, jouaient au football avec eux – en soutane ! –, poursuivaient les plus effrontés qui les traitaient de noms d'oiseaux... Certains curés possédaient une camionnette dans laquelle ils avaient installé des bancs pour emmener les enfants du village en pique-nique ou en voyage à Lourdes.

Nos parents n'étaient pas tous de fervents religieux, mais ils tenaient à ce que leurs enfants aillent au catéchisme comme les autres, et s'y montrent aussi sages qu'à la maison ou à l'école. Les réfractaires n'avaient qu'à bien se tenir : le martinet était encore en vogue. On en voyait exposés dans les vitrines des magasins, avec leurs lanières de cuir brunes ou multicolores...

Le jeudi après-midi, nous pouvions aller au « patronage » : des adolescents nous emmenaient en promenade, nous donnaient à goûter et organisaient des jeux de plein air. Souvent, un professeur de collège était à l'initiative du patronage laïc. Comme pour l'école, « religieux » et « républicains » étaient en compétition.

Pas de viande sans pain

Frère et sœurs à la plage.

Nos jeux étaient rythmés par les saisons. L'hiver, les petits montagnards charriaient des seaux d'eau qu'ils jetaient sur le sol pour le faire geler. Le lendemain matin, la piste de luge était prête ! L'été, les enfants du Midi attendaient la fête du village avec impatience : tapissée de buis, la cour de la cave coopérative accueillerait l'orchestre, la buvette et les danseurs. Les forains – dont quelques-uns se déplaçaient encore en roulotte – installaient leurs chevaux de bois, leurs stands de tirs, leurs périlleuses balançoires et les incontournables auto-tamponneuses... La foire était pour nous l'unique occasion de manger des chips – nous les trouvions succulentes !

Enfants déguisés pour Mardi gras.

Nos parents, qui nous offraient de temps à autre ces petits plaisirs, nous interdisaient au quotidien de gaspiller quoi que ce soit. On ne mangeait pas de viande tous les jours. On ne jetait rien. Il fallait manger du pain – en commençant par celui de la veille – et toujours finir son morceau. C'était une honte de manger sa viande seule, sans l'accompagner de pain ou de pommes de terre : « Pour qui tu te prends ? », demandait-on à celui qui rechignait. Le vendredi, on « faisait maigre » en préparant de la morue ou des pois chiches. Nos parents allaient tous les jours à l'épicerie du quartier ; le poissonnier et le boucher passaient une fois par semaine.

La vie des villages était organisée autour de l'agriculture : transhumance des bêtes en montagne, vendanges dans les régions viticoles... Le dimanche, il fallait « aller en champ » pour s'occuper des vaches ou ramasser des sarments dans la vigne. Les chevaux de labour, massifs et puissants, circulaient dans les rues. Leurs accès de nervosité semaient la panique : « Le cheval d'Untel s'emballe ! » criait-on en s'enfuyant. Les rares voitures appartenaient au curé, au docteur, voire à un ou deux privilégiés, qui ne se déplaçaient jamais sans transporter une grappe de villageois.

Le poste de radio était un objet essentiel. Au mois de juillet, en jouant dans la rue, nous entendions les commentaires du Tour de France par les fenêtres ouvertes. Nos pères écoutaient les matches de foot l'oreille collée au poste, ou installaient une rallonge pour suivre le Tour depuis leur champ de patates... Des feuilletons comme « Les Maîtres du mystère » – effrayant dès les grincements du générique – ou « Arsène Lupin », étaient écoutés en famille dans le plus grand silence.

La gauche contre l'OAS

Le 7 février 1962, le visage ensanglanté d'une fillette, blessée à la suite d'un attentat de l'Organisation armée secrète qui visait l'appartement d'André Malraux, met la France en émoi. Depuis quelques semaines, l'OAS multiplie les plasticages, visant les responsables politiques et les journalistes qui dénoncent ses méthodes. Le 8 février, la gauche appelle à protester contre ces attentats. La manifestation est violemment réprimée : 9 personnes sont tuées à la station de métro Charonne, à Paris. Leurs obsèques, le 13 février, rassemblent des milliers de manifestants. En juin et juillet a lieu l'exécution des trois membres de l'OAS condamnés à mort pour avoir assassiné, à Alger, le commissaire Roger Gavoury. En mars 1963, Jean-Marie Bastien-Thiry est à son tour fusillé. Ce jeune militaire était l'instigateur de l'attentat du Petit-Clamart contre le général de Gaulle. Il n'y aura pas d'autre exécution : les membres de l'OAS condamnés à la peine capitale ou à l'emprisonnement seront, progressivement, graciés ou amnistiés.

Hôtel et boulangerie plastiqués par l'OAS, rue de Seine à Paris, en novembre 1961.

Deux sœurs habillées pour un mariage en Haute-Savoie.

Le spectre de la guerre

Vingt ans après l'armistice, la guerre représentait toujours un danger proche de nous. Indochine, Algérie, Corée, Vietnam… Nous sentions la peur des adultes, même s'ils n'en parlaient pas devant nous. Dans les repas de famille, les débats étaient houleux entre les oncles de droite, favorables à la guerre d'Algérie, et les oncles de gauche, partisans de la décolonisation.

On retrouvait ce climat social et ces divergences politiques, qui animaient les discussions, dans ce qu'on nous enseignait à l'école, et dans le regard que nos parents portaient sur l'instituteur. Le matin, nous débutions la journée par la leçon de morale. Le maître écrivait au tableau une phrase ou un dicton, l'expliquait, et demandait aux plus grands de donner des exemples. Certains enseignants donnaient à ces leçons un tour progressiste ; d'autres s'inspiraient de la morale religieuse traditionnelle. De jeunes instituteurs qui exerçaient dans les cités ouvrières, où vivaient de nombreux travailleurs nord-africains, faisaient du racisme et du respect de l'autre leurs thèmes de prédilection. Jetant, dans leurs cours d'histoire, des ponts entre le passé et l'actualité, ils comparaient islam et christianisme sans se montrer mani-

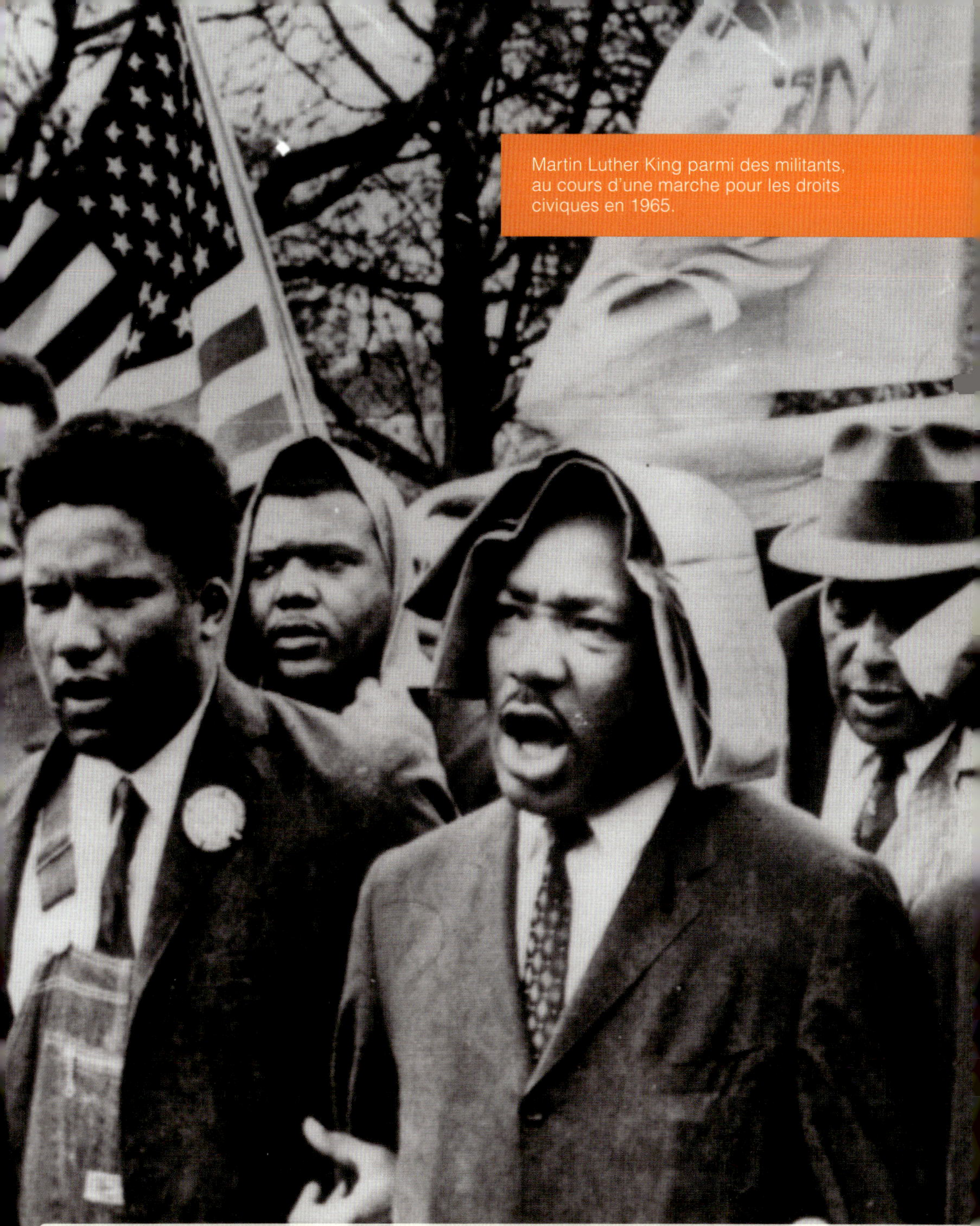

Martin Luther King parmi des militants, au cours d'une marche pour les droits civiques en 1965.

chéens. Cette volonté d'ouverture était diversement appréciée par les parents, qui la jugeaient à l'aune de leurs propres opinions politiques. Dans certaines familles très catholiques, nous entendions dire qu'il était « hors de question » de nous envoyer au collège le plus proche, qui avait fort mauvaise réputation : ses professeurs, disait la rumeur, étaient tous communistes !

Le dernier baroud des mineurs

« Des sous, Charlot, des sous ! » Du 1er mars au 5 avril 1963, la grève générale qui paralyse l'extraction de charbon et de fer, sera le dernier grand sursaut des mineurs français. Proclamés « premiers ouvriers de France » après la guerre, ils ont le sentiment d'avoir été oubliés. Leurs salaires sont largement inférieurs à ceux des autres secteurs nationalisés ; les premiers licenciements suscitent l'inquiétude. Soutenus par leurs femmes qui portent des pancartes « Avec nos hommes, pour le meilleur et pour le pire », ils bénéficient d'un large mouvement de solidarité au sein de la population française, mais également à l'étranger. Des collectes sont organisées pour les aider à nourrir leurs familles durant ce long mois chômé. Des commerces affichent un écriteau indiquant qu'ils ont « participé à la souscription d'aide aux mineurs », tandis que des militants syndicaux accueillent des enfants de grévistes chez eux. L'Église catholique n'est pas en reste : des prêtres estiment que « l'action syndicale est une exigence profonde de la charité ». Les dockers des ports français, soviétiques, hollandais et polonais, refusent quant à eux de charger le charbon à destination de la France.

Mineurs en grève à Lens, en 1963.

1967-1970

Les années collège

Cahier de texte et stylo à encre

Environ trois quarts des enfants nés en 1956 sont entrés en sixième. La France, qui avait besoin de main-d'œuvre qualifiée, démocratisait l'accès à l'enseignement secondaire. La scolarité était devenue obligatoire jusqu'à l'âge de seize ans. Ceux qui n'allaient pas au collège entraient en apprentissage ou à l'école ménagère. Les filles y apprenaient la couture, la cuisine, l'hygiène et le ménage, des notions de puériculture, de diététique et de gestion… bref, tout ce qu'il fallait pour devenir une bonne épouse, du repassage à la lecture d'un contrat d'assurance.

Pour ceux d'entre nous qui sont devenus pensionnaires, la première rentrée au collège a d'abord été un déchirement. Nous dormions chez une grand-mère, une tante, des amis de la famille, ou pire, dans un internat qui accueillait aussi

Chronologie

5 au 11 juin 1967
La guerre des Six Jours est remportée par Israël ; la résistance palestinienne intensifie sa guérilla.

1er octobre 1967
La première émission en couleur, consacrée au chanteur Marcel Amont, est diffusée à la télévision française.

28 décembre 1967
La loi Neuwirth autorise la contraception.

Février 1968
Les images des Jeux olympiques de Grenoble, où Jean-Claude Killy remporte trois médailles d'or, sont retransmises en couleur.

4 avril 1968
Assassinat de Martin Luther King.

21 août 1968
Le Printemps de Prague est écrasé par les troupes du Pacte de Varsovie.

17 octobre 1968
Les noirs américains Tommie Smith et John Carlos, 1re et 3e place du 200 mètres aux JO de Mexico, brandissent un poing ganté de noir, en référence aux Black Panthers.

28 avril 1969
Suite au rejet, par référendum, de la création des régions et de la rénovation du Sénat, de Gaulle annonce sa démission.

15 juin 1969
Georges Pompidou est élu président avec 58,2 % des suffrages contre 41,8 % pour Alain Poher ; la gauche divisée a été éliminée au premier tour.

15 au 18 août 1969
Le festival de Woodtsock rassemble plus de 300 000 jeunes venus écouter Ravi Shankar, Joan Baez, Janis Joplin, Jefferson Airplane, Jimi Hendrix…

16 avril 1970
Sur le plateau d'Assy, un glissement de terrain ensevelit 72 personnes, dont 56 enfants hébergés au sanatorium du Roc des Fiz.

4 juin 1970
La loi instaure l'égalité entre le père et la mère, en remplaçant la puissance paternelle par l'autorité parentale.

1er novembre 1970
146 jeunes meurent dans l'incendie d'un dancing à Saint-Laurent-du-Pont.

9 novembre 1970
Charles de Gaulle meurt à Colombey-les-Deux-Églises.

Nous avions souvent à la maison un tourne-disque, sur lequel nous repassions notre maigre discothèque.

des lycéens. Du haut de nos onze ans, nous nous sentions perdus et regrettions amèrement que notre village ne soit pas desservi par les cars scolaires, ou que nos parents nous aient exilés dans un collège de « bonne réputation ».

Pensionnaires ou non, nous étions tous impressionnés par l'arrivée des cars scolaires qui déversaient plusieurs centaines d'élèves, parmi lesquels des « grands » ayant redoublé une ou deux fois. Encore intimidés, nous expérimentions la mixité : les filles occupaient une rangée, les garçons l'autre. Pour la première fois, les filles avaient des hommes comme professeurs. Nous en avions un peu peur : vêtus d'une blouse grise ou bleue, ils se montraient doctes et sévères. Chaloupant sur leurs hauts talons, la taille marquée par une ceinture passée sur leur blouse rose, les lèvres soigneusement peintes en rouge, certaines enseignantes nous paraissaient en revanche extrêmement élégantes.

C'était pour nous le début du cahier de texte et du stylo à encre, garni d'une cartouche ou rempli à l'aide d'une pompe et d'un piston. Nous écrivions nos premiers mots d'anglais, phonétiquement. Les filles avaient des cours de couture – souvent de monotones lignes de points – et les garçons apprenaient les travaux manuels. Pour le sport, nous devions en général nous contenter du goudron de la cour, où nous répétions les mouvements gymniques des fameux « lendits » : à la fin de l'année, vêtus de shorts ou de justaucorps, des centaines d'élèves du département se rejoignaient pour exécuter cette chorégraphie d'ensemble.

Entre filles et garçons, que l'on planche ensemble sur un exposé ou que l'on chahute jusqu'à se faire punir, la glace commençait à se rompre. Pour financer notre voyage scolaire, nous vendions des sandwiches : au petit matin, nous nous retrouvions dans un coin de la cantine pour beurrer du pain et couper des tranches de saucisson…

Une collégienne en robe chasuble accompagne son neveu et sa petite sœur.

Pendant les récréations, il n'était plus question de jouer à la marelle ou aux billes. Nous arpentions la cour ou tenions des conciliabules dans les coins. Les filles parlaient des derniers succès qui passaient à la radio. En 1967, le beau Johnny Hallyday enchaînait les tubes : « Hey Joe », « Amour d'été », « Si j'étais charpentier »… Franck Alamo vivait son heure de gloire avec « Biche, ma biche ». Nous admirions aussi Claude François, Sylvie Vartan, Sheila, Julien Clerc ou Jacques Dutronc…

Elève de cinquième
à son bureau.

En arrivant au collège, quelques fillettes portaient encore un tablier. Mais elles commençaient à faire attention à leur apparence et n'allaient pas tarder à le trouver ringard... L'hiver, les robes chasubles en flanelle grise, portées sur un pull et des collants, leur paraissaient le comble de la modernité. Puis en grandissant, elles adoptaient la mode des mini-jupes et des pantalons moulants portés avec des chaussures Clarks.

Petits lycées, CEG et CES

Dans les années soixante, une série de mesures cherche à favoriser l'orientation des élèves en fonction de leurs aptitudes et non de leur milieu social. L'examen d'entrée en sixième est supprimé. Les « petits lycées », des établissements qui accueillent des élèves du cours préparatoire jusqu'au baccalauréat, disparaissent progressivement. Ils sont remplacés par les Collèges d'enseignement général (CEG) et supérieur (CES), qui proposent plusieurs cursus. Les meilleurs élèves sont orientés vers les programmes « classique » – avec cours de latin – ou « moderne », qui les conduisent au lycée. Le programme « général court » mène, après la cinquième, aux Classes complémentaires ou au Collège d'enseignement technique. Les élèves qui autrefois restaient à l'école primaire pour préparer leur « certif », passent désormais quatre ans au collège, en cycle de transition et cycle terminal pratique. Cette volonté d'harmonisation se poursuivra, en 1975, avec la réforme du Collège unique.

Collégienne en tenue de communiante, 1968.

Les choses de la vie

Pendant ses menstruations, la journée d'une collégienne tournait vite au parcours d'obstacles. Certaines utilisaient encore des bandes de tissu, qu'elles enveloppaient de papier journal et fourraient au fond de leur cartable. D'autres portaient une ceinture à laquelle se boutonnait un tissu jetable. De manière générale, nous étions désarmées et très ignorantes face à nos premières règles. Rares étaient les mères qui en parlaient. Imitées par nos sœurs aînées, elles lavaient discrètement les bandes de tissu rougies par le sang. Le sexe était considéré comme sale, il était interdit d'en parler : la révolution mentale de Mai 68 n'avait pas encore opéré. C'est donc souvent auprès des copines que nous glanions le plus de renseignements.

Autre source d'information non négligeable : le catéchisme. La préparation de la communion était l'occasion de nous initier aux « choses de la vie ». Un petit livret aux dessins très explicites, représentant les appareils génitaux masculins et féminins, nous était distribué. C'est grâce à lui que beaucoup d'entre nous ont découvert comment on fait les bébés…

Les activités de l'aumônerie étaient aussi l'occasion, pour ceux qui la fréquentaient encore, de se retrouver entre jeunes filles et garçons.

La communion était l'un des rares moments où nous recevions des présents – une montre, un bijou, une trousse garnie d'accessoires de toilettes... S'ils en avaient les moyens, nos parents faisaient imprimer des images pieuses, avec une colombe, notre nom et la date en lettres dorées. Tout de blanc vêtus, nous les suivions chez leurs amis pour offrir nos images, et recevoir en échange un peu d'argent ou un cadeau. Les familles moins riches se contentaient de petits faire-part standards, au dos desquels l'enfant écrivait « Souvenir de ma communion solennelle », datait et signait.

Jeunes scouts, 1969.

Mai 68 : « Jouissez sans entrave »

1968. Depuis un an, l'université de Nanterre est agitée par des étudiants qui contestent son fonctionnement et veulent aborder des sujets tabous – la sexualité, notamment. Le 22 mars, pour protester contre l'arrestation d'autres militants, un groupe mené par Daniel Cohn-Bendit décide d'occuper une partie des locaux administratifs. Après la fermeture de Nanterre, le mouvement reprend à la Sorbonne puis s'étend à la France entière. Les ouvriers occupent les usines et les paysans manifestent. Le chiffre record de 10 millions de grévistes est atteint. « Cours camarade, le vieux monde est derrière toi », écrivent les étudiants sur les murs. « C'est nous les patrons », disent les ouvriers dans les usines.

Le 27 mai, les accords de Grenelle transforment la vie des travailleurs : hausse des salaires – jusqu'à 37 % pour le SMIG –, présence des syndicats dans les entreprises, abolition des primes antigrèves, diminution des horaires… Jamais signés – les ouvriers poursuivent le mouvement jusqu'en juin – ils seront tacitement appliqués après la reprise du travail. La révolution des mentalités amorcée par les étudiants se poursuivra quant à elle dans les années soixante-dix, libérant la parole et ébranlant une autorité paternelle jusqu'alors rigide.

Manifestation d'étudiants à Paris, en mai 1968.

En 1969, les jeunes filles rêvent de voir *Hair*, la comédie musicale dans laquelle Julien Clerc se déshabille.

Premières histoires d'amour

C'est à peu près à la même époque – à partir de douze ans – que nous vivions nos premières histoires sentimentales. On se retrouvait en groupe l'après-midi, dans un champ ou sur un bout de chemin. On jouait au ballon prisonnier, on arrangeait quelques planches pour s'asseoir dans un arbre et on posait notre transistor au creux d'une branche. Les garçons qui possédaient une mobylette laissaient les filles conduire sur quelques mètres ou les emmenaient faire un tour. On fumait laborieusement : quelqu'un avait acheté un P4, un paquet contenant quatre cigarettes de tabac brun, bon marché et très mauvais... Mais ça « faisait bien » d'y goûter ! Les premières idylles se nouaient et, petit à petit, les plus hardis échangeaient quelques baisers, s'attirant à coup sûr des commentaires : « Martine sort avec Michel ! » Mais la plupart des histoires restaient platoniques – à défaut d'être secrètes. Il arrivait qu'un garçon imprudent profite d'une rédaction de français pour décrire les sentiments que lui inspirait une jeune fille. Il prenait le risque, si le devoir était bon, que le professeur en fasse lecture devant toute la classe.

Les filles passaient des après-midi entiers entre elles, à lire *Salut les copains* et surtout *Mademoiselle Âge tendre,* où elles trouvaient des recettes de beauté, des exercices de gymnastique et des confidences de stars. Au fil des numéros, les jeunes chanteuses à la mode étaient mises en scène dans les différentes rubriques : Sylvie Vartan posait pour la recette de crêpes, Chantal Goya pour les tenues « spécial rentrée », France Gall pour les conseils de coiffure…

Partie de pétanque entre sœurs, Midi de la France.

Outre les classiques, que nous lisions par goût ou par obligation scolaire, les filles étaient en quête d'histoires sentimentales et de jeunes héroïnes. À la bibliothèque municipale, nous dévalisions les rayons d'auteurs populaires comme M. Delly ou Henri Troyat. Au cinéma, nous allions voir *La Tulipe noire* ou *Fantômas*. Dans les villages, la salle ne fonctionnait souvent que le week-end et proposait une séance le dimanche après-midi. Nous profitions de l'entracte pour aller acheter un gâteau à la pâtisserie voisine. Nous aimions aussi nous « promener dans la campagne », en groupe et munies d'un transistor. Au milieu des champs, des arbres ou des vignes, nous organisions des séances photo inspirées des magazines. Nous avions fourré dans un sac nos vêtements préférés et posions dans différentes tenues, l'air rêveur, une cigarette à la main. Les garçons, eux, se retrouvaient pour faire du vélo, construire des cabanes et crâner sur leur mobylette. Ils fréquentaient les salles de jeux des cafés pour jouer au flipper et au baby-foot, et ricanaient de concert en regardant passer les filles.

Jeune fille à la plage avec ses parents, à Collioure.

Le temps des vacances

Nous étions trop jeunes pour participer aux événements de Mai 68. Mais les grands de troisième, eux, avaient compris de quoi il retournait : bien décidés à profiter de ce vent de liberté, les voilà qui fumaient et tenaient la main des filles dans la cour du collège ! Nous, nous gardons surtout le souvenir de très longues vacances offertes par les grèves générales. L'été, nous étions d'ailleurs de plus en plus nombreux à partir : près de la moitié des Français pouvaient désormais s'offrir des vacances. Les hausses de salaires obtenues en 1968 rendaient les séjours plus accessibles aux ouvriers. En 1969, sous la présidence de Georges Pompidou, une quatrième semaine de congés payés était octroyée aux salariés. En général, les familles partaient une seule fois par an, pour trois semaines ou un mois. Seuls les couples aisés gardaient des congés pour l'hiver : dans la bourgeoisie, la mode du ski était lancée, facilitée par l'instauration, en 1968, d'une semaine de congés scolaires d'hiver. Les journaux télévisés évoquaient déjà le « chassé-croisé » des estivants. Des files de 4CV, le toit chargé de malles, tractant remorques et caravanes, prenaient la route de la mer. Le développement du camping, bien plus économique que les hôtels et les locations, facilitait également les départs. Les comités d'entreprise les plus actifs prêtaient du matériel de camping aux ouvriers ; les instituteurs bénéficiaient de bas tarifs dans des sites réservés. Tentes carrées ou canadiennes, apéritifs et parties de pétanque, borne électrique et coin vaisselle… la vie au camping ressemblait beaucoup à ce qu'elle est aujourd'hui.

Campeuse sur le toit de sa 4CV, fin des années cinquante.

Publicité pour la 4CV.

Le triomphe de la 4CV

Les années soixante voient le secteur automobile exploser : en 1967, plus de la moitié des ménages disposent d'au moins une voiture, contre 20 % en 1953 et 30 % en 1960 ! Surnommée « la motte de beurre », la 4CV, lancée juste après la guerre, symbolise cette démocratisation de l'automobile : elle est la première voiture française vendue à plus d'un million d'exemplaires. Les ingénieurs de Renault, qui l'ont conçue clandestinement sous l'occupation allemande, voulaient un petit modèle bon marché, dont la puissance limitée permettrait une faible consommation de carburant. La chaine de fabrication est transformée pour limiter les coûts et atteindre une cadence de 300 voitures par jour. Résultat : en 1959, la 4CV est vendue autour de 420 000 anciens francs, soit environ neuf mois de salaire pour un ouvrier. Inscrits sur une liste d'attente, les acheteurs doivent patienter deux ou trois ans avant de recevoir leur voiture neuve ! Remplacée dès 1961 par la 4L, elle est restée jusqu'au début des années soixante-dix, le véhicule par excellence des classes populaires.

On a marché sur la Lune

« L'image est à l'envers », dit le commentateur. Tandis que l'Américain Neil Armstrong retourne la caméra, 700 millions de téléspectateurs tentent de distinguer sa silhouette, à travers les masses noires et blanches qui remplissent leur petit écran. L'instant est magique : nous sommes le 21 juillet 1969 et, pour la première fois, un homme va poser le pied sur la Lune. « Voilà le pied d'Armstrong, au centre et en bas de votre écran », précise le journaliste français. L'astronaute constate que le sol, « très ferme » sous ses orteils, est d'un « grain de sable très fin », qui ressemble à de la « poussière de charbon ». C'est ensuite au tour de Buzz Aldrin de descendre l'échelle du module lunaire, et l'on voit leurs silhouettes étrangement flottantes dans leurs combinaisons blanches, planter sur le sol le drapeau américain. De 1969 à 1972, les États-Unis enverront cinq missions Apollo sur la Lune.

Dessin d'un collégien illustrant la course entre les États-Unis et l'URSS dans la conquête de l'espace.

Le module lunaire Eagle s'est posé à 21 h 17 sur la Lune, mais c'est le lendemain matin, à 3 h 56 (heure de Paris), que Neil Armstrong effectue ses premiers pas.

L’âge rebelle

1971-1974

De la viande chaque jour

Tandis que nous avancions vers l’âge adulte, le quotidien de nos familles se transformait. La baisse des prix des aliments et la multiplication des supermarchés, bouleversaient les habitudes de nos parents – en particulier ceux qui avaient connu de fortes privations. En 1956, les Français mangeaient en moyenne 68 kilos de viande par an. L’année de nos dix-huit ans, en 1974, on était passé à 90 kilos, soit plus de 245 grammes par jour et par personne. Alors qu’elles dégustaient autrefois, rarement et toujours le dimanche, quelques choux à la crème, certaines familles absorbaient désormais viandes et sucreries à l’excès. À la campagne, pour guider les femmes dans leurs nouveaux choix de consommatrices, des paysannes animaient des « groupes de vulgarisation » sur des thèmes concrets tels que l’équilibre alimentaire ou la différence entre le nylon, le coton et la laine…

Chronologie

1er juillet 1971
Le stationnement payant est instauré à Paris.

30 janvier 1972
« Bloody Sunday » en Irlande du Nord : 14 personnes participant à une marche en faveur des droits civiques sont tuées dans une fusillade déclenchée par l'armée britannique.

24 mars 1972
Inauguration du Turbotrain, le futur TGV.

5-6 septembre 1972
Durant les Jeux olympiques de Munich, le groupe palestinien Septembre noir tue 11 membres de l'équipe israélienne.

22 décembre 1972
La loi instaure le principe d'égalité de salaire entre hommes et femmes ; les grandes écoles sont ouvertes aux femmes.

30 juin 1973
Une éclipse totale du Soleil dure six minutes et vingt secondes, c'est la plus longue du siècle.

8 août 1973
Le président américain Nixon démissionne suite au Watergate.

11 septembre 1973
Mort du président chilien Salvador Allende au cours d'un coup d'État militaire ; le général Pinochet prend le pouvoir.

16-17 octobre 1973
Premier choc pétrolier à l'issue de la guerre du Kippour, qui oppose Israël à ses voisins arabes.

2 avril 1974
Mort de Georges Pompidou, le président du Sénat Alain Poher assure l'intérim.

25 avril 1974
Au Portugal, au cours de la révolution des Œillets, la foule fraternise avec les militaires rebelles.

19 mai 1974
Valéry Giscard d'Estaing est élu président de la République avec 50,8 % des suffrages contre François Mitterrand, candidat unique de la gauche.

Au début des années soixante-dix, le téléphone, que l'on fixait au mur, était surtout utilisé dans le cadre professionnel

Sur le petit écran, la mère Denis, lavandière de soixante-dix-neuf ans, vantait les mérites des lave-linge Vedette. Son métier allait bientôt disparaître : en 1972, environ deux tiers des ménages français possédaient une machine à laver. Pourtant, les lavoirs collectifs et les battoirs de bois n'avaient pas tout à fait disparu. Parmi nos mères, certaines faisaient encore la lessive à la main.

Le réfrigérateur était entré dans 85 % des foyers. Mais dans les fermes, on préférait acquérir d'abord un congélateur pour conserver la production de la maison. Afin de limiter les frais, des familles voisines décidaient de s'équiper ensemble. On choisissait alors un lave-linge mobile, que l'on posait sur roulettes pour le promener d'une cuisine à l'autre. Il arrivait aussi qu'un village entier se cotise pour l'achat d'un congélateur collectif.

Dans la trilogie du « progrès » figurait enfin le téléviseur : les trois quarts des familles en possédaient un. Dès la fin des années cinquante, dans certains corons du Nord de la France, celui qui avait pu acheter un poste invitait ses voisins à en profiter en échange d'une modique participation. La cagnotte servait à acquérir un téléviseur pour un autre habitant de la rue, qui organisait à son tour des soirées… Lave-linge, réfrigérateur et télévision devenaient la norme. En revanche le téléphone, le chauffage central, les salles de bains confortables et la télévision couleur relevaient, pour la plupart d'entre nous, du domaine du luxe.

Sexualité : le recul des tabous

En 1971, 343 femmes signent dans le Nouvel Observateur, *un texte dans lequel elles reconnaissent avoir violé la loi en recourant à l'avortement. Parmi les plus célèbres, Simone de Beauvoir, Catherine Deneuve, Marguerite Duras, Jeanne Moreau ou encore Françoise Sagan. L'année suivante, une jeune fille de dix-sept ans est jugée par le tribunal pour enfants, pour avoir avorté avec la complicité de sa mère. Elle affirme avoir été violée par son petit ami ; son acquittement est une victoire pour son avocate Gisèle Halimi et pour les mouvements féministes. En 1973, le Mouvement pour la libération de l'avortement et de la contraception organise des voyages en Angleterre pour des femmes souhaitant avorter. En décembre 1974, Simone Veil obtient le vote d'une loi qui autorise l'avortement sous certaines conditions.*
Autorisées depuis 1967, les méthodes de contraception sont encore peu connues des jeunes, qui ne sont pas systématiquement informés. En 1973 cependant, une circulaire introduit officiellement l'éducation sexuelle à l'école. Un an plus tard, la loi autorise les centres de planification et d'éducation familiale à délivrer gratuitement aux mineurs, sur prescription médicale, des contraceptifs.

Affiche en faveur de la contraception et de l'avortement, 1974.

Le lycée est aussi l'époque des premières guitares...

Filles de la ville, filles de la campagne

Au début des années soixante-dix, de nombreux lycées étaient restés fermés au vent de liberté soufflé par Mai 68. Tous n'étaient pas mixtes. C'est ainsi que des filles et des garçons qui avaient partagé les bancs du même collège se retrouvaient à nouveau séparés. Nous étions en pleine transition... Le lycée reflétait certaines inégalités sociales et géographiques ; il les renforçait même par des règlements qui nous semblaient le comble de l'injustice. Pour distinguer les internes de leurs camarades, certains établissements leur imposaient de porter une blouse. Beiges, peu seyants, taillés dans du nylon, ces uniformes étaient la plaie des jeunes filles pensionnaires : pendant qu'elles faisaient triste mine, les autres arboraient pattes d'eph', pulls moulants et chaussures compensées ! Une différence de traitement qui n'arrangeait rien au malaise des internes. À côté des filles de la ville qui savaient « parler pointu », elles se trouvaient ridicules avec leur accent sorti tout droit du terroir. L'internat n'était pas fait pour les réconforter. Les lits des grands dortoirs collectifs n'étaient séparés que par une table de nuit. Dans la salle de bains où s'alignaient des

rangées de lavabos, les « grandes » imposaient leur loi et occupaient constamment les douches. Après les cours, les pensionnaires devaient rester « à l'étude », à faire leurs devoirs sans chahuter sous une lumière jaune...

Les cheveux se portaient longs, raides chez les filles, ébouriffés chez les garçons.

Les filles « dernier cri » se maquillaient, laquaient leurs ongles de rouge, et portaient sur le bout du nez des hublots par-dessus lesquels leurs yeux papillonnaient. Nous aimions les grands manteaux, qui devaient descendre le plus bas possible et que nous ne boutonnions jamais. « Si c'est pas malheureux ! » murmuraient les vieilles dames en nous voyant passer dans notre « redingote » qui traînait par terre. Nos cheveux aussi devaient être longs, raides, séparés par une raie, et cacher une partie du visage. Nous choisissions avec soin de la laine de couleur vive, pour faire tricoter à nos mères des pulls courts et près du corps. Et gare à celle qui copierait notre modèle !

Amoureuses d'un beatnik !

Nous nous déplacions en stop, à vélo, en mobylette ou en Solex. Dès le printemps, les villages organisaient l'après-midi des concours de pétanque, flanqués d'un petit bal. Les filles dansaient le rock entre elles, et attendaient les slows – moment crucial – avec une impatience mêlée d'appréhension. Quand enfin un garçon les invitait, elles disaient « Non merci » en détournant la tête, ou bien acceptaient en feignant d'hésiter. Leur cavalier était souvent plus âgé, et un peu trop entreprenant... Entre le bal et la pétanque, il y avait un autre point stratégique : la piste d'auto-tamponneuses. Les oreilles pleines de vacarme, le corps heurté par les secousses et les rires, le garçon et la fille assis côte à côte partageaient des moments propices au flirt.

L'été, le temps des petits boulots était aussi celui des rencontres. Hippies, beatniks... Les vendanges et les cueillettes attiraient dans les villages de jeunes travailleurs saisonniers qui impressionnaient les adolescentes. Elles se mettaient en quatre pour les nouveaux venus, dégotant un cabanon pour les héberger, les aidant à s'installer... Ces garçons plus âgés possédaient à leurs yeux l'aura des aventuriers. Les adultes n'y comprenaient rien, qui ne voyaient en eux que des jeunes hirsutes un peu marginaux. Qu'importe ! Le temps d'une éphémère amitié, elles étaient toutes un peu amoureuses d'eux.

Les parents ignoraient tout, en général, de nos histoires sentimentales. Terrorisées par leur père, certaines filles risquaient une raclée si elles rentraient trop tard. Pour nous protéger, nos mères cachaient parfois beaucoup de choses à leur époux. Mais même les lycéennes les plus délurées étaient rarement initiées à la contraception. C'est souvent lorsqu'une grossesse survenait que les parents découvraient les amours de leur fille.

Manifestation contre l'arrestation de Gilles Guiot.

Le temps des grèves et de l'espoir

Depuis Mai 68, le personnage du militant gauchiste était pour de nombreux jeunes un modèle à suivre. Les plus engagés s'intéressaient aux inégalités sociales, au capitalisme, au Tiers Monde, critiquaient la politique du gouvernement et contestaient la discipline qui régnait dans les lycées. Des tracts circulaient, les organisations d'extrême gauche recrutaient parmi les élèves. Dès sa création en avril 1973, *Libération* était devenu LE journal qu'il fallait lire pendant les récrés.

Déjà en février 1971, des milliers de lycéens et de collégiens de quatrième et de troisième avaient manifesté contre la condamnation arbitraire d'un élève parisien, Gilles Guiot. Le jour de son procès en appel, ils avaient organisé un énorme *sit-in* sur le boulevard Saint-Michel – celui dont, en mai 1968, les étudiants avaient déterré les pavés. Le jeune homme avait finalement été acquitté, ce qui avait donné aux élèves le sentiment d'avoir remporté une bataille collective.

Mais c'est contre la loi Debré, en 1973, que le mouvement lycéen prendra de l'ampleur. Au-delà de vingt-et-un ans, le ministre de la Défense voulait supprimer les sursis pour les étudiants appelés au service militaire. Dès la fin de février et durant tout le mois de mars, nous avons occupé nos lycées et défilé en cortèges. Le 2 avril, nous étions 500 000 à manifester dans 236 villes de France. Un peu partout, des réunions publiques étaient organisées ; nos délégués y expliquaient les raisons de la grève. C'était l'occasion d'apprendre à parler en public, mais aussi de réclamer plus de liberté d'expression. Nous nous délections des caricatures de *Charlie Hebdo*, dans lesquelles Georges Wolinski affublait Michel Debré, ministre de la Défense, d'un entonnoir posé sur le sommet de son crâne – dans les cortèges, certains défilaient avec le fameux ustensile en guise de chapeau. Afin de ne pas invoquer des « privilèges de classes », les meneurs de la grève réclamaient un sursis pour tous les jeunes, « qu'ils soient étudiants ou travailleurs ». Mais la loi ne serait finalement pas abrogée – quelques aménagements seulement seraient mis en place.

Nous n'étions pas seuls à lutter : ces années-là, deux grands mouvements sociaux mobilisaient l'opinion française, ravivant les espoirs soulevés par Mai 68. « Gardarem lou Larzac », disaient les éleveurs de moutons qui refusaient de céder leurs terres à l'armée. « C'est possible : on fabrique, on vend, on se paye », affirmaient à Besançon les ouvriers de l'horlogerie Lip. Les premiers défilaient avec brebis et tracteurs dans la capitale, les seconds occupaient et faisaient fonctionner leur usine pour empêcher sa

Affiche contre l'extension de la base militaire du Larzac, 1978.

fermeture. Toute une frange de Français se reconnaissait dans leurs mouvements : « les Lip » recevaient chaque jour des centaines de lettres, tandis que les grands rassemblements sur le Larzac, en 1973 et 1974, verraient affluer des dizaines de milliers de personnes. C'est là, dans ce mélange d'enthousiasme et de craintes suscitées par les premiers symptômes de la crise économique, que nous sommes devenus adultes. Valéry Giscard d'Estaing venait d'être élu président de la République et, comme une reconnaissance de notre conscience politique toute neuve, il nous avait accordé le droit de vote : le 5 juillet 1974, la majorité était abaissée de vingt-et-un à dix-huit ans.

Un supermarché dans les années soixante.

Le boom des grandes surfaces

Le premier supermarché ouvre en 1957, la France en compte 108 en 1961. C'est peu par rapport à ses voisins européens : la plupart des achats se font encore dans de petits commerces indépendants ou des enseignes comme Monoprix, Prisunic, Casino ou Docks de France. Les Français ne sont pas encore habitués au préemballage des produits, au maniement des chariots et au libre-service. C'est la naissance du premier hypermarché Carrefour, en 1963, qui lance vraiment le boom des grandes surfaces. Initiés au marketing américain, trois Savoyards ouvrent à 25 kilomètres de Paris un très grand supermarché où la clientèle trouvera « tout sous un même toit », à la fois des produits alimentaires et non alimentaires. Le jour de l'ouverture, les 5 200 clients sont impressionnés par la profusion de marchandises : 15 mètres de rayon boucherie, 10 mètres pour la crèmerie, 12 caisses enregistreuses, près de 20 000 articles… En 1974, on recense sur tout le territoire 2 700 supermarchés et 300 hypermarchés.

Un militant pacifiste défie la police devant le Pentagone à Washington, en 1967.

Guerre du Vietnam : les Américains protestent

12 juin 1972. Le New York Times publie la photographie d'une petite Vietnamienne brûlée au napalm, qui fuit nue sur la route après le bombardement de son village. L'image, qui fait le tour du monde, devient l'un des symboles de la guerre du Vietnam. Le conflit dans lequel les États-Unis s'enlisent entre 1963 et 1973, tuera en tout 1,7 millions de Vietnamiens (du Nord et du Sud) et 57 000 soldats américains. Aux États-Unis, la contestation s'organise, portée par les étudiants et le mouvement hippie, mais aussi par des groupes religieux, des mères de famille, des anciens soldats… Le 13 novembre 1969 au crépuscule, la « Marche contre la mort » débute à Washington. Toutes les heures, au rythme lent des tambours, 1 200 marcheurs traversent le pont d'Arlington, en file indienne, chacun portant autour du cou une pancarte sur laquelle figure le nom d'un soldat mort au Vietnam ou d'un village détruit. Ils sont 45 000 à se succéder durant quarante heures devant la Maison Blanche ! Parmi les actions les plus spectaculaires, celles des vétérans du Vietnam qui simulent des scènes de guérilla, se livrent comme criminels de guerre ou défilent en béquilles et fauteuils roulants.

1973 : le retour du racisme

Au début des années soixante-dix, la France commence à ressentir les effets de la récession. La période de plein-emploi s'achève. Les autorités ferment les frontières et durcissent les procédures pour les étrangers présents en France. Les questions de l'immigration et du racisme deviennent l'objet de débats publics et d'affrontements.
À l'automne 1972 et durant l'hiver 1973, des grèves de la faim mettent en cause la circulaire Fontanet. Directement concernés, les étrangers en situation irrégulière sont soutenus par des militants chrétiens et de l'extrême gauche. À Noël, dans la Drôme, des messes de minuit sont annulées en signe de solidarité.
Au cours de l'été, le Sud de la France, notamment les villes de Grasse et de Marseille, devient le théâtre de violences. Une partie de la population et des élus locaux cautionnent les « ratonnades » perpétrées contre les « Arabes ». En interdisant l'Ordre nouveau et la Ligue communiste, les autorités semblent renvoyer dos à dos l'extrême droite et l'extrême gauche. En décembre, une bombe explose au Consulat d'Algérie situé à Marseille, tuant quatre personnes. Revendiqué par des nostalgiques de l'Algérie française, l'attentat provoque une vague de grèves et de manifestations. Mais le silence des principaux syndicats et partis de la gauche traditionnelle limite l'impact de ces actions de solidarité avec les immigrés.

Affiche de Mai 68 prônant la solidarité.

Groupe de hippies au cours d'un festival en Camargue, 1970.

Le rêve communautaire

Mais nos rêves allaient bien au-delà d'un simple bulletin à déposer dans une urne. Dans des squats, des campings et des fermes désertées par les paysans, la « génération 68 » expérimentait le mode de vie collectif. Nous qui étions encore soumis à la discipline du lycée et des parents, n'avions qu'une envie : rejoindre à notre tour une « communauté », goûter cette solidarité de groupe et cette liberté qui nous semblaient idéales. Envoyer balader notre avenir tout tracé ; rompre avec le modèle de nos parents, leur course au progrès et au confort. Travailler un peu, vivre chichement et « tout partager », ou rejoindre l'un de ces villages vidés par l'exode rural et réinvestis par les hippies, dans les rues desquels Bob Dylan et Pink Floyd tournaient à plein volume. Dormir à la belle étoile, chanter autour d'un feu de camp ou batifoler avec les agneaux d'un éleveur baba cool : cela valait la peine de sécher quelques cours, pensions-nous – certains allaient même jusqu'à fuguer, et partaient en stop.

Pourtant, nos vies de jeunes adultes ne tarderaient pas à faire entrer la plupart d'entre nous dans le rang : apprendre un métier, s'installer en couple et élever des enfants. Comme nos parents avant nous ? Pas tout à fait... Les femmes étaient de plus en plus actives : 36 % en 1968, 40 % en 1975, 45 % en 1982. Le modèle bourgeois de la mère au foyer n'en était plus un, la contraception permettait de planifier les naissances et les jeunes femmes voulaient disposer de leur corps. Elles deviendraient des mères plus libres ; les jeunes pères, eux, seraient sommés d'être plus présents. Mais c'est une autre histoire...

Jeune couple sur sa vieille moto...